솔직히
말할게요
저는

돈이
좋아요

솔직히 말할게요 저는 돈이 좋아요

평범한 공무원에서
3년 만에 연매출
100억 원의 사업가가
되기까지

디노더노마드(이지영) 지음

모티브

프롤로그

"에르메스 같은 걸 들어봤어야 알지"
그날, 나는 복수를 다짐했다

"구매하신 물품이 관세 신고 대상입니다."

나는 평소처럼 담담하게 말했다. 하루에도 수십 명을 상대하며 수없이 반복해온 문장이었다. 내 앞에는 누구나 알 만한 유명 연예인이 서 있었다. TV에서 보던 것보다 훨씬 작은 얼굴, 완벽한 몸매, 마스크를 뚫고 나올 것 같은 아우라. 하지만 그녀의 카드 결제 내역은 거짓말을 하지 않았다. 해외 에르메스 매장에서 구매한 가방 8개. 금액으로 따지면 10억 원에 가까운 돈이었다.

"이건 국내에서 쓰던 배우님의 물건이고, 해외로 가져갔다가 다시 가져오는 것 뿐이에요."

매니저가 대답했다.

"아뇨, 선생님. 해외결제 카드내역이 시스템에 나옵니다. 에르메스 매장에서 8개 구매하셨다고 나와 있어요."

그러자 다시 매니저가 대답했다.

"저희는 그런 거 모르겠고, 저희 배우님 바쁘셔서 얼른 가봐야 합니다. 컨디션도 안 좋으신데 이러시면 기분도 좋지 않으실 거고요."

세금이 컨디션과 기분에 따라 바뀌는 법이었던가? 말을 듣다 보니 어떻게 이렇게 자기중심적인 사고를 하는 지 신기했다. 내 세계에서는 없던 논리였다. 나는 언성을 높이고 싶은 욕구를 꾹꾹 누르며 규정을 설명했고, 그는 같은 말만 반복했다. 하루에도 몇 건씩 일어나는 평범한 민원인과의 실랑이였다. 적어도 그녀가 입을 열기 전까지는.

"에르메스 같은 걸 들어봤어야 알지."

그녀는 나를 쳐다보지도 않은 채 말했다. 그 순간, 시간이 멈췄다. 민원인들의 고함소리, 욕설, 협박. 세관에서 일하며 수없이 들어왔던 것들이다. 하지만 이건 달랐다. 이건 분노가 아니었다. 경멸이었다. 그녀의 눈에 나는 사람이 아니었다. 그저 귀찮은 절차, 스쳐 지나가는 장애물 정도였을 뿐이다. 아무 감정 없이 차갑게 뱉은 그 한마디에는 나라는 사람과 자신을 다른 종족으로 여긴다는 태도가 여실히 드러났다.

집으로 돌아오는 지하철 안에서 나는 계속 그 말을 곱씹었다. '에르메스 같은 걸 들어봤어야 알지.' 창문에 비친 내 모습을 봤다. 낡은 유니폼, 새벽 교대근무로 지친 얼굴, 매일 같은 시간에 지하철 박스에 갇혀, 같은 곳으로 향하는 평범한 공무원. 나는 왜 이 자리에 있는가? 안정적인 직장, 괜찮은 월급, 노후 보장. 부모님이 그토록 원하셨던 '철밥통'. 하지만 그 철밥통이 나를 가둔 감옥이 되어버린 건 아닐까? 그날 밤, 나는 처음으로 내 삶을 돌아봤다. 27살에 공무원 시험에 합격했을 때, 주변 사람들은 나를 축하해줬다.

"이제 편하게 살겠네." "부러워."

하지만 정작 나는 무엇을 위해 살고 있었나? 매일 출근도장을 찍으며, 퇴직금을 기다리며, 그렇게 40년을 버티는 것이 내가 원한 삶이었나? 아니었다. 그 사건은 내게 거울이 되었다. 나는 그녀를 원망하지 않는다. 오히려 감사한다. 그녀가 보여준 그 노골적인 경멸이 없었다면, 나는 여전히 안온한 삶에 안주하며 살았을 것이다. 사람은 바닥을 쳐봐야 뛰어오를 수 있다.

그날, 나는 바닥을 쳤다. 자존심이 아니라 존재 자체가 부정당한 기분이었다. 하지만 동시에 깨달았다. 내가 서 있는 자리가 나를 규정하는 것이 아니다. 내가 어떤 사람이 되느냐가 내 자리를 만드는 것이라는 사실을. 그리고 나는 결심했다. 더 이상 남이 만들어준 틀 안에서 살지 않겠다고. 누구도 나를 무시할 수 없는 존재가 되겠다고. 가난을 미덕으로 포장하지 않고, 당당하게 부자가 되겠다고. 그것이 내 복수이자, 내 구원이 될 것이라고.

이 책은, 평범한 세관 공무원에서 연 매출 100억 원의, 돈 잘 버는 디지털 노마드가 되기까지, 월급쟁이에서 남들이 멋지다고 치켜세워주는 사업가가 되기까지, 남의 눈치만 보고 시선에 갇혀 살던 내가 진정한 자유를 찾기까지의 솔직한 기록이다. 만약 당신도 지금 누군가에게 무시당하고 있다면, 현재의 자리가 전부가 아니라고 느낀다면, 더 나은 삶을 꿈꾸고 있다면, 이 책이 그 시작이 되길 바란다. 때로는 한 사람의 경멸이 백 명의 격려보다 강력한 동기가 되니 말이다. 나는 그 경멸을 연료 삼아 여기까지 왔다. 바닥을 쳤던 순간부터 시작해, 스스로 일어서기까지의 모든 과정을 담았다. 누군가는 이 책을 읽으며 위로를 받을 것이고, 누군가는 용기를 얻을 것이다. 또 누군가는 자신만의 길을 찾을 것이다.

나는 그것만으로도 충분하다고 생각한다. 결국 우리는 모두, 자신만의 방식으로 증명해야 한다. 나는 내 방식대로 증명했다. 이제 그 이야기를 시작한다.

프롤로그 "에르메스 같은 걸 들어봤어야 알지"　　　　　**004**

PART 1
월급 170만 원 공무원에서
연매출 100억 원의 사업가가 되기까지

1. 공무원만 되면 모든 게 해결될 줄 알았다　　　　**014**
2. 유배지에서 찾은 나만의 탈출구　　　　**025**

PART 2
왜 당신은 아직도 부자가 아닌가?

1. 안정적인 직장의 환상　　　　**065**
2. '돈'을 바라보는 관점을 바꿔라　　　　**072**
3. 시간을 파는 사람 vs 가치를 파는 사람　　　　**087**
4. '노력'만으로는 부족하다　　　　**099**
5. 실패를 자산으로, 리스크를 기회로　　　　**108**
6. 부자는 원래 외롭다　　　　**118**
7. 결정하고 돌아보지 않는 용기　　　　**129**

PART 3
억척스럽게 부자되기

1. 고상하고 우아한 부자는 현실에 없다	141
2. 부자의 사고방식: 평범함 속의 비범함	152
3. 월 100만 원 수익 만들기	163
4. 연매출 100억 원을 만드는 전략과 시스템	173
5. 부자의 언어 배우기	185
6. 혼자가 아니라 함께, 부의 증식 방법	196

PART 4
당신도 부자가 될 수 있다

1. 당신의 '에르메스 모멘트'는 무엇인가	207
2. 부자의 하루: 시간 관리와 우선순위	218
3. 나만의 성과를 내는 루틴	245
4. 성공적인 네트워크와 관계 관리	262
5. 부자가 된 후 잊지 말아야 할 것들	293

에필로그 도전의 시작을 응원하며   316

PART 1

월급 170만 원 공무원에서 연매출 100억 원의 사업가가 되기까지

들어가며

누구나 꿈꾸는 안정적인 삶이 있다. 정시 출퇴근, 보장된 월급, 평생직장. 많은 사람들이 '철밥통'이라 부르는 그 자리. 나도 그것을 꿈꿨고, 이뤘다. 그리고 깨달았다. 안정이 때로는 감옥이 될 수 있다는 것을 말이다. 이 챕터에서 나는 '안정'이라는 이름의 함정에 대해 이야기하려 한다. 월급쟁이의 한계가 무엇인지, 왜 안정적인 직장이 오히려 위험한지, 나는 어떻게 그 틀을 깨고 나왔는지 그리고 가장 중요한, 평범한 사람이 어떻게 비범한 결과를 만들 수 있는지에 대해 말이다.

혹시 지금 "나는 특별한 재능이 없어." "자본금이 없어서 못해." "안정적인 직장을 버릴 수 없어." 같은 생각을 하고 있다면 이 챕터를 꼭 읽어 보길 바란다.

   3년 전의 나도 똑같은 생각을 했으니까. 월급 170만 원, 특별한 재능도, 자본금도, 인맥도 없었다. 심지어 재테크를 한다고 연봉의 2배가 되는 신용대출까지 받아 빚도 많이 있던 상태였다. 그런 내가 어떻게 연 매출 100억 원을 만들었는지, 그 과정에서 무엇을 잃고, 무엇을 얻었는지, 때로는 좌절하고, 때로는 환호하며 걸어온 길. 그 생생한 이야기를 들려주려 한다.

chapter 1

공무원만 되면 모든 게 해결될 줄 알았다

"엄마! 딸, 공무원 됐어!"

2017년 봄, 국가직 관세청 9급 최종 합격 발표를 확인하는 순간, 나는 온몸에 전율이 흘렀다. 두 손이 떨려 마우스를 제대로 잡을 수도 없었다. 수험번호를 다시 한 번, 또 한 번 확인했다. 맞다. 내 번호다. 진짜 붙었다. 엄마한테 전화를 걸었다.

"엄마, 나… 나 붙었어!"

전화기 너머로 엄마 아빠가 감격하며 기뻐하는 소리가 들렸다. 부모님이 기뻐하는 직업, 공무원. 공무원만 되면 모든 게 해결될 줄 알았다. 안정적인 직장, 괜찮은 월급, 노후 보장. 부모님이 그토록 원하셨던 '철밥통'. 평생 고용 걱정 없이, 정시 퇴근하며, 연금까지 받을 수 있는 삶.

첫 출근 날. 새벽부터 일어나 정장을 다렸다. 거울을 보며 몇 번이고 넥타이를 다시 맸다. '이제 나도 공무원이다. 대한민국 관세청 소속이다.' 첫 발령지였던 김포공항으로 향하는 지하철 안. 출근길 직장인들 사이에서 나도 이제 그들 중 하나가 되었다는 뿌듯함이 밀려왔다.

"17코드시죠? 환영합니다!"

선배들의 따뜻한 환영을 받으며 자리에 앉았다. 여행객들은 들어올 수 없는 입국장 뒤에서 일하는 세관이기에, 특별한 사람이 된 것 같은 기분에 뿌듯했다. 내 이름이 적힌 명패, 멋있는 제복. 모든 게 새로웠고 설레었다. 점심시간, 선배들과 함께 구내식당으로 향했다.

"공무원 합격해서 부모님이 좋아하시죠? 고생 많았어요. 근데 앞으로도 고생 좀 할 거예요."

이상했다. 나는 '앞으로 승승장구할 일만 있다'고, 이제 돈 걱정은 전혀 안 해도 된다고 생각했는데. 시간이 지나고 선배 공무원 분들과 얘기를 나눌 때에도 이런 얘기만 들었다.

"급여날이 빨리 와야 할 텐데 이번 달도 빠듯하다.", "그러게. 애 학원비 내고 나면 남는 게 없어.", "10년째인데 아직도 전세야. 언제 내 집 마련하나…", "집값이 너무 올라서 이제 꿈도 못 꿔요."

밥을 먹으며 듣는 선배들의 대화 중 이런 내용이 많았다. 하지만 그때는 그저 겸손한 표현이라고 생각했다. 그런데 첫 월급날, 모든 환상은 산산조각 났다.

[국고 입금] 1,826,400원

'어? 200만 원은 넘을 줄 알았는데…' 떨리는 손으로 급여명세서를 확인했다. 기본급 1,826,400원. 여기서 각종 공제가 시작됐다.

국민연금 -82,180원	건강보험 -58,440원
고용보험 -11,870원	공무원연금 -127,850원
소득세 -46,230원	지방소득세 -4,620원
실수령액: 1,495,210원	

아니, 잠깐. 뭔가 잘못된 거 아닌가? 아무리 수습기간 중이라지만 내가 생각한 것보다도 훨씬 적은 금액. 다시 계산기를 두드렸다. 맞다. 149만 원.

"선배님, 이거 맞나요? 실수령이 150만 원도 안 되는데…"

옆자리 김 주무관이 씁쓸하게 웃었다.

"그게 현실이야. 나도 5년차인데 실수령액 200만 원 겨우 넘어. 너도 곧 알게 될 거야."

집으로 돌아오는 지하철 안에서 계산기를 두드렸다.

◇ 월 지출 계획 ◇

월세 50만 원	관리비·공과금 10만 원
교통비 10만 원	통신비 5만 원
식비 30만 원	경조사비 10만 원
생필품 10만 원	부모님 용돈 10만 원
총 지출: 135만 원	

남는 돈? 겨우 14만 원. 아니, 이게 말이 되나? 맛있는 것을 먹고 싶어도 집에서 해먹고, 친구 만날 일도 안 만들고, 흔한 취미생활조차 하나 없는데. 커피 한 잔 사 먹는 것도 사치가 되는 삶이라니.

통계로 본 잔인한 현실

현실이 내 코앞으로 다가오니 궁금해서 찾아봤다. 2017년 공무원 봉급표, 서울 부동산 통계, 물가상승률…

◇ 2017년 9급 공무원 봉급 현황 ◇

각종 수당이나 추가근무수당이 붙는 것은 제외했다.

1년차	1,495,000원 (실수령)
5년차	2,050,000원 (실수령)
10년차	2,800,000원 (실수령)
20년차	4,000,000원 (실수령)

◊ 2017년 서울 아파트 평균 매매가 ◊

강남구	16.8억 원
서초구	14.2억 원
송파구	10.3억 원
전체 평균: 7.2억 원	

간단한 산수였다. 7.2억 원÷150만 원 = 480개월 = 40년. 먹지도 마시지도 않고 40년을 모아야 했다. 그것도 집값이 그대로라는 가정하에 말이다. 하지만 현실은 어떤가? 서울 아파트는 매년 10%씩 올랐고 10년 후면 15억 원, 20년 후면 30억 원이 될 수도 있었다. 반면 공무원 봉급 인상률은 매년 2-3%였고, 이는 물가상승률에도 못 미치는 수준이었다. 영원히 좁혀지지 않는 격차. 이것이 대한민국 공무원의 현실이었다.

워라밸의 진실

"그래도 워라밸은 좋잖아?" 그것도 사실은 아닌 경우가 많다. 관세청 직렬 같은 경우는 특성상 교대근무가 많다. 대부분 근무지가 공항이나 항구이기 때문에 24시간 돌아가야 하기 때문이다. 그렇지만, 시험을 준비할 때부터 알고 있던 사실이니 어쩔 수 없었다. 사실 나는 오히려 좋았다. 추가근무수당이 붙어서 교대근무 부서에서는 급여가 꽤나 만족스러웠기 때문이다. 하지만 밤샘 근무를 몇 년간 하다보니 건강이 나빠지는 건 어쩔 수 없었다. 밤낮이 바뀌니 일상생활이 어려워졌다. 그렇지만 급여가 많다는 이유 하나만으로 이 악물고 버텼다. 일근직으로 9시부터 6시까지 일할 때 '워라밸' 질문을 했다면, 맞다. 6시 정각이면 퇴근할 수 있었다. 야근도 거의 없었다. 주말은 온전히 내 시간이었다. 하지만 퇴근 후 뭘 할 수 있을까? 친구들이 "오늘 치맥 어때?"라고 물으면 머릿속에 계산기부터 돌아갔다. 치킨 2만 원, 맥주 1만 원, 교통비 5천 원. 총 3만 5천 원. 한 달에 4번이면 14만 원이라는 큰 돈이었다.

"미안, 나 야근이 있어서…"

몇 번 거절하니 연락도 뜸해졌다. 영화? 한 번에 15,000원. 카페? 커피 한 잔 5,000원. 헬스장? 월 7만 원. 모든 게 사치였다. 집에 와서 할 수 있는 건 넷플릭스 보기, 유튜브 보기, 잠자기밖에 없었다. '저녁이 있는 삶'이 아니라 '저녁만 있는 삶'이었다. 어느 날, 대학 동창을 만난 적이 있다. 그 친구는 나에게 이렇게 물었다.

"너 요즘 뭐해?"

"응, 공무원 됐어."

"우와, 대박! 부럽다. 나는 야근에 치여 죽겠는데."

나에게 부럽다고 한 그 친구는 대기업을 다녔다. 월급은 나의 두 배가 넘었다. 명절마다 적어도 1천만 원씩 보너스도 나온다고 했다.

"야, 그래도 넌 편하잖아. 난 주말에도 일해."

그래, 나는 편했다. 편했지만 가난했다.

선배들의 씁쓸한 조언

"10년차인데 실수령 280만 원이 안 돼."

"20년 했는데도 애들 학원비 내면 빠듯해.", "30년 가까이 일했는데 서울에 아파트 하나 없어. 경기도 전세가 전부야."

구내식당에서, 흡연실에서, 회식 자리에서 선배들의 이야기는 한결같았다. 더 충격적인 건 50대 과장님의 한마디였다.

"내가 젊었을 때는 그래도 희망이 있었어. 아파트값이 월급의 3-4년치였거든. 지금은? 30-40년치야. 너희 세대는 정말 불쌍해."

그 말을 듣고 나서 한참 동안 멍하니 있었다. 머릿속이 복잡해졌다. 이게 몇 개월, 몇 년간 죽어라 공부해서 얻은 결과인가? 평생 전세로 살다가, 은퇴하면 시골로 내려가는 삶?

성장의 한계, 보이는 천장

한국 공무원 사회는 철저한 연공서열이다. 일반적인 승진 경로는 아래와 같다. (매 직렬마다 다르다. 내가 있던 직렬은 적체가 심한 편이었다.)

9급 시작 ▶	3~4년 후 8급
8급 ▶	7-8년 후 7급
7급 ▶	7-8년 후 6급
6급 ▶	5급은 능력에 따라 달라지고, 보통 6급에서 퇴직을 한다.

아무리 열심히 해도, 아무리 능력이 뛰어나도, 이 틀을 벗어날 수 없었다. 나보다 정확히 20년 선배였던 내 바로 옆자리 박 계장님. 그의 모습이 20년 후 내 모습이라고 상상해봤다. 20년간 비슷한 일을 하면서, 여전히 하루 종일 민원인들 때문에 마음 고생하고, 과장님께 결재 올릴 서류를 뒤적이는 나. 점심 먹고 2시엔 따분함에 지쳐 졸다가, 5시 50분부터 퇴근 준비. 문득 물어보고 싶어졌다.

"박 계장님, 일이 재미있으신가요?"

"재미? 그런 거 바라면 안 돼. 그냥 시간 때우는 거지."

슬펐다. 나는 평생 직장에서 재미는 못 느끼겠구나. 20년을 일해야 한다는 게 갑자기 답답하게 느껴졌다.

SNS가 보여주는 잔인한 비교

퇴근 후 침대에 누워 스마트폰을 켜고 인스타그램과 페이스북을 봤다. 대기업 다니는 고등학교 친구가 이런 사진을 올렸다. "이번 보너스로 부모님 유럽여행 보내드렸다! 평생 고생한 엄마 아빠에게 효도 완료!" 스타트업 다니는 후배는 이런 포스팅을 했다. "스톡옵션 행사해서 강남 전세 들어갔습니다. 드디어 서울 입성!" 공무원 시험을 함께 준비하다 포기하고 사업 시작한 친구는 이런 피드를 올렸다. "첫 매출 1억 원 돌파! 직원도 3명 뽑았어요!" 그걸 보는 나는 이런 생각부터 들었다. '이번 달도 카드값 나가면 얼마

남지도 않겠구나...' 휴대폰을 던져버리고 싶었다. 왜 나만 이렇게 사는 것 같을까? 왜 나만 제자리걸음일까? 인스타그램은 자신의 가장 행복한 모습을 올리는 거라고 하던데, 그거라도 올릴 수 있어서 부러웠다. 나는 업로드할 것조차 없었다.

부모님의 기대와 현실의 괴리

"우리 딸이 공무원이래요!"

어머니는 동네방네 아는 분들을 붙잡고 자랑하셨다.

"평생 직장이니 이제 딸 걱정은 없어요."

하지만 나는 매달 용돈을 드리기는 커녕, 생일에도 겨우 선물을 챙겨드렸다. 더 드리고 싶어도 정말 말그대로 돈이 없었다. 명절에 고향에 가면 친척들이 물었다.

"공무원 되니 좋지? 이제 결혼만 하면 되겠네!"

"언제 집 살 거야? 공무원이면 대출도 잘 나온다며?"

대답할 수 없었다. '집은 커녕 전세 자금도 못 모으고 있어요.' '결혼? 데이트 비용도 부담스러운데요.' 하지만 그토록 기뻐하시는 부모님 앞에서 차마 그런 말을 할 수 없었다.

깨달음의 순간

집으로 돌아오는 지하철 안에서 문득 깨달았다. 공무원은 '안전한 감옥'이었다.

- 나가고 싶어도 나갈 용기가 없는 곳
- 불만족스러워도 버릴 수 없는 곳
- 꿈은 없지만 안정적인 곳
- 도전은 없지만 편안한 곳

마치 서서히 끓어오르는 줄도 모르고 미지근한 물에 들어가있는 개구리 같았다. 다른 친구들은 리스크를 감수하며 성장하고 있었다. 실패할 수도 있지만, 성공하면 크게 성장할 수 있는 기회를 잡고 있었다. 반면 나는? 실패할 일도 없지만, 성공할 기회도 없는 삶을 살고 있었다.

여수로의 좌천, 그리고 각성

얼마 뒤, 나는 여수로 좌천됐다(좌천 이유는 다음 챕터에서 자세히 다룰 예정. 스포일러: 유튜브 부업 때문). 작은 관사, 낯선 도시, 홀로 남겨진 시간. 역설적이지만, 그것이 오히려 기회가 됐다. 여수의 조용한 밤, 바다를 보며 매일 일기를 썼다. "공무원이 답이 아니었다. 안정적인 직장이 답이 아니었다. 그럼 진짜 답은 뭘까? 아직 모르겠다. 하지만 한 가지는 분명하다. 이대로는 안 된다. 반드시 이 삶에서 벗어나야 한다. 월급 200만 원으로는 절대 내가 원하는 삶을 살 수 없다."

내 유튜브에는 종종 이런 댓글이 달린다. '공무원 시험보기 전에 그런 것도 모르고 했나? 멍청하긴.' 아이러니하게도, 공무원이 되고 나서야 깨달았다. 그전에는 어떻게든 밝은 면만 보고 싶었다. 공무원만 되면 모든 게 해결된다는 환상, 그 환상이 깨지고 나서야 비로소 깨닫게 됐다. 진짜 안정은 직장이 주는 게 아니라, 내 능력이 주는 것임을. 진짜 여유는 연금이 주는 게 아니라, 내 자산이 주는 것임을. 진짜 자유는 정시퇴근이 주는 게 아니라, 경제적 독립이 주는 것임을. 그날 밤, 나는 결심했다.

"공무원으로 죽을 수는 없다. 나는 반드시 탈출한다."

그리고 그 결심은 3년 후, 연 매출 100억 원의 현실로 이루어졌다. 하지만 그 과정은 결코 순탄하지 않았다. 징계, 좌천, 동료들의 손가락질, 부모님의 반대... 그 모든 것을 어떻게 극복했는지, 다음 챕터에서 이야기하겠다.

chapter 2

유배지에서 찾은
나만의 탈출구

    여수행 KTX가 플랫폼을 떠나는 순간, 나는 내 인생도 함께 떠나가는 것 같았다. 창밖으로 스쳐 지나가는 풍경이 흐릿했다. 눈물 때문인지, 속도 때문인지 분간이 안 갔다. 손에 쥔 휴대폰 화면에는 여전히 유튜브 앱이 켜져 있었다. '지영's ASMR 다이어리'. 구독자 5,347명. 채널을 비공개로 전환하는 버튼을 누르는 데 한참이 걸렸다.

    "정말로 비공개 처리하시겠습니까?"

    마지막 확인 메시지가 떴다. 손가락이 떨렸다. 한달간 쌓아 올린 것들이 한순간에 사라지는 순간이었다. 확인을 눌렀다. 그렇게 나의 첫 번째 도전은 막을 내렸다.

유튜브, 그 달콤했던 함정

시작은 소박했다. 2020년 겨울, 퇴근 후 집에 돌아온 나는 늘 같은 고민에 빠져 있었다. 통장 잔고는 늘어나기는커녕 줄어들었고, 다음 달 카드값은 89만 원이었다. 신용대출 잔액 약 3천만 원. 매달 나가는 이자만 50만 원이 넘었다. 숫자들이 목을 조여왔다. '부업을 해야 한다.' 하지만 공무원에게 허용된 부업이란 게 있을까? 국가공무원법 제64조, 겸직 금지 조항. 외우다시피 한 조문이었다. 공무원은 국가에 헌신해야하는 존재일 뿐, 자신의 삶을 위해 돈을 버는 행위는 허용되지 않는 것이다. 그 답답함 속에서 나는 도피하고 싶었다. 그래서 퇴근 후에 무작정 책을 읽기 시작했다. 책 속에는 내 삶에선 꿈꿀 수 없었던 세상이 그려져 있었다. 잠들어 있던 열정과 동기를 불러일으켜주는 멘토 같은 존재였다. 그러다 내 삶을 바꾸게 해준 책을 만나게 된다. 바로 『부의 추월차선』이었다.

'돈을 버는 사람은 소비자가 아니라 생산자다.'

책 속 그 한 문장은 마치 망치처럼 내 머리를 두드렸다. 나는 늘 소비자였다. 돈을 벌면 곧바로 쓰고, 필요하지도 않은 물건을 사며 순간의 만족에 취했다. 하지만 통장은 늘 비어 있었고, 시간은 회사에 저당 잡혀 있었다. 내가 가진 건 월급명세서뿐이었다. 반대로 생산자는 달랐다. 남들이 필요로 하는 무언가를 만들어내고, 그것을 통해 돈이 흘러들어왔다. 물건일 수도 있고, 지식일 수도 있고, 경험일 수도 있었다. 그들은 잠을 자는 동안에도 돈을 벌었다. 하지만 나는 그저 누군가의 생산물에 돈을 바치는 소비자에 불과했는데, 그 차이가 삶의 격차를 만들고 있었다.

'아… 내가 계속 소비자로만 살아간다면, 내 미래는 절대 바뀌지 않겠구나.' 그제야 뼈아픈 현실이 보였다. 나를 지탱해줄 무언가를 '직접 생산'하지 않으면, 평생 똑같은 자리에 멈춰 설 수밖에 없다는 걸 깨달았다. '그렇다면 나는 무엇을 생산할 수 있을까?' 한참을 고민하다 내린 결론은 콘텐츠였다. 큰 자본도, 특별한 기술도 없어도, 목소리와 손, 그리고 내 일상을 담은 소리는 만들 수 있었다.

그래서 나는 ASMR이라는 낯선 세계를 접하게 된다. ASMR은 'Autonomous Sensory Meridian Response'의 약자로, 쉽게 말해 특정한 소리를 들었을 때 마음이 편안해지고 긴장이 풀리는 현상을 뜻한다. 누군가는 책 읽는 목소리에서, 누군가는 책장을 넘기는 소리, 키보드 치는 소리, 머리 빗는 소리, 물이 흐르는 소리, 비 오는 소리 등에서 그런 편안함을 느낀다. 사람마다 반응하는 소리가 다르지만, 공통점은 듣는 순간 몸과 마음이 한결 가벼워진다는 것이다. 특히 불면증으로 고생하는 사람들이나 하루 종일 긴장 속에 살아가는 이들에게는 휴식처 같은 역할을 한다. 나도 불면증이 심했던 사람이기에 잠자리에 들기 전, 이어폰을 꽂고 ASMR 영상을 틀어 놓으면 자연스럽게 긴장이 풀리며 잠에 들 수 있었다. 내가 가장 끌렸던 건, ASMR은 거창한 장비나 스튜디오가 필요한 게 아니라 집 안에서 할 수 있고, 마이크 하나만 있으면 가능하다는 사실이었다. 누구나 할 수 있지만, 동시에 누군가에게는 꼭 필요한 콘텐츠였다.

책상 서랍을 열어봤다. 오래된 키보드, 사각거리는 종이, 차가운 유리컵, 나무 빗, 다 집 안에 있던 물건들이었다. '그냥 녹음이나 해볼까?' 호기심 반, 심심함 반으로 시작한 일이었다.

알고리즘의 축복, 그리고 저주

첫 녹음은 참담했다.

"안녕하세요... 처음 인사드립니다."

마이크 앞에서 목소리가 떨렸다. 평소엔 수다스러운 편인데, 녹음 버튼만 누르면 머리가 하얘졌다. 소리도 문제였다. 형광등 잡음, 냉장고 소음까지 다 들어왔다. 작은 생활소음을 없애려고 이불 속에서 녹음했지만, 숨소리만 더 크게 들렸다. 편집은 더 막막했다. 무료 프로그램을 설치했지만 사용법을 몰랐다. 10분짜리 소리 파일을 자르고 붙이는 데 5시간이 걸렸다. 첫 영상의 제목은 "책장 넘기는 소리 ASMR"이었다. 업로드하고 잠들었다.

다음 날 확인해보니 조회수 23회. 댓글 0개. 좋아요 1개. '역시 아무나 하는 게 아니구나.' 포기하려다가, 이미 녹음해둔 영상이 아까워서 하나 더 올렸다. 두 번째 영상 "박스 두드리는 소리".

조회수 156회. '오, 늘었네?' 작은 성취감이 들었다. 세 번째, 네 번째... 영상을 올릴수록 요령이 생겼다. 마이크 앞에서 찍는 것도 제법 익숙해지고, 편집 시간도 줄기 시작했다. 교대근무가 끝나고 아침에 퇴근해서도 영상을 또 업로드할 설렘에 잠을 자지 않고 편집했다. 그리고 2주째 되던 날. "퇴근 후 XX 떡볶이 먹방 ASMR"이라는 제목의 영상을 업로드하고 여느 때처럼 야간 출근을 했다. 정신없이 근무를 하다 휴대폰을 확인하는데 알림이 폭발하고 있었다.

조회수 1만 7천 회. 댓글 142개. 구독자 +1,827명.

"진짜 잠 잘 온다 ㅜㅜㅜ", "아는 언니랑 수다 떠는 것 같고 편안해서 좋아요", "이 소리 듣고 시험 전날 잠 잘 잤습니다", "구독 누르고 갑니다♡"

'알고리즘 탔다'라는 것이 이런 말이었구나. 구독자는 기하급수적으로 늘어났다. 1천, 2천, 3천... 댓글을 읽는 재미가 쏠쏠했다.

"불면증에 진짜 효과 있어요", "자연스러운 생활소리라 더 좋아요", "다음에도 영상 올려주세요!"

고작 3개월 만에 구독자 5천 명을 돌파했을 때, 나는 믿을 수 없었다. '내가 유튜버라고?'

이중생활의 시작

ASMR은 내게 단순한 취미가 아니었다. 처음엔 호기심으로 시작했지만, 어느새 생활의 중심이 되어 있었다. 평일엔 출근하고, 퇴근하면 또 다른 하루가 시작됐다. 낮에는 인천공항 세관 공무원 이지영. 밤에는 5천 명 구독자와 함께하는 ASMR 유튜버 지영. 퇴근하자마자 집으로 향했다. 피곤함도 잊은 채 마이크를 꺼내고, 조명을 켜고, 책상 위에 소품들을 하나씩 늘어놓았다.

"안녕하세요, 오늘은 요청 많으셨던 키보드 타건 소리 녹음해볼게요."

작은 소리를 내지 않으려고 숨을 고르고, 마이크에 집중했다. 아침이 밝아올 때까지 녹음을 자르고 붙였다. 다음 날 아침엔 똑같이 출근하느라 눈이 퀭했지만, 휴대폰 알림창에 쏟아지는 댓글을 보면 피로가 금세 사라졌다. 몸은 힘들어도 정신은 오히려 행복했다. 쉬는 날에는 소품을 찾으러 다녔다. 문구점, 생활용품점, 중고 거래까지 소리가 잘 나는 물건이라면 뭐든 구입했다. 친구들과의 약속도 자연스레 뒤로 미뤄졌다.

"요즘 왜 이렇게 바빠?"

"그냥… 이것저것 하고 있어."

ASMR 영상을 만든다는 건 차마 말할 수 없었다. 혹시라도 회사에 소문이 날까 봐. 하지만, 이미 늦었다. 내가 모르는 사이, 동료들의 귀에까지 내 채널 이야기가 흘러 들어가고 있었다. 낮과

밤을 오가며 쌓아온 이중생활이, 조금씩 균열을 드러내기 시작한 것이다.

감사과의 부름

"이지영 반장님, 잠깐 보실까요?"

어느 월요일 아침. 과장님의 목소리가 평소와 달랐다. 따라간 곳은 회의실이 아니었다. 작은 조사실. 감사과 직원 두 명이 노트북을 펼쳐놓고 기다리고 있었다.

"앉으세요." 공기가 얼어붙은 것 같았다.

"유튜브 하시죠?"

심장이 쿵 내려앉았다. "아… 네. 취미로…"

"구독자가 몇 명이죠?"

"5천 명 정도…"

"5천 3백 47명이네요. 정확히는."

조사관이 노트북 화면을 돌렸다. 내 채널이 고스란히 캡쳐되어 있었다. 구독자 수 증가 그래프, 인기 동영상 목록, 댓글까지.

"취미치고는 규모가 크네요."

"수익은 한 푼도 받지 않았습니다. 광고도 안 했고요." 증거를 보여주려고 핸드폰을 꺼냈다. "수익 창출 신청도 안 했고, 협찬 제의도 다 거절했어요. 보세요."

"그게 중요한 게 아닙니다." 조사관의 목소리가 더 차가워졌다.

"공무원의 품위 유지 의무를 아시죠? 불특정 다수에게 영향력을 행사하는 것 자체가 문제입니다."

"하지만…"

"목소리로 충분히 신원 파악이 가능합니다. 실제로 동료 제보로 시작된 조사입니다."

동료 제보. 그 말에 머릿속이 하얘졌다. '누가? 왜?'

"이 영상 보세요."

조사관이 영상을 틀었다. 두 달 전 올린 '직장인 메이크업' 편이었다.

"출근할 때 이렇게 하면 하루 종일 안 무너져요. 특히 우리처럼 바쁜 직장인들…"

'우리처럼 바쁜 직장인.' 그 한 마디가 화근이었다.

"공무원임을 암시하는 발언입니다."

"그건… 그냥 직장인이라는 의미로…"

"그리고 5천 구독자 기념 Q&A에서 나온 이 영상의 배경, 인천공항 아닙니까?"

자세히 보니 정말이었다. 출근길에 V-log처럼 찍었던 영상의 거울에 비친 곳이 인천공항이었다. 두 시간에 걸친 조사가 이어졌다. "채널 시작 동기는?", "영상은 주로 언제 찍습니까?", "업무시간에 찍은 것은 아니겠지요?", "구독자들과 개인적 연락은?", "향후 수익화 계획은?" 마치 범죄자 취조를 받는 기분이었다.

공무원 인생이 꼬이는 과정

얼마 후, 징계위원회가 열렸다. 처음 들어가보는 무거운 분위기의 회의실. 나는 마지막 변론을 했다.

"단 한 푼의 수익도 없었습니다. 공무에도 지장을 주지 않았습니다. 그저 퇴근 후 개인 시간에 취미 활동을 한 것뿐입니다."

하지만 결과는 정해져 있었다.

"국가공무원법 제63조 품위 유지 의무 위반에 해당한다 할 수 있습니다만, 수익 활동을 하지 않았기에 기록에 남는 징계는 없을 예정입니다. 하지만, 추가로 인사 조치가 있을 예정입니다."

그리고 얼마 후, 인사 발령이 났다. '17코드 이지영, 여수세관 발령' A4 형태의 공문이 떴다. 그 한 장이 내 인생을 바꿔놓았다.

5천 명이 넘는 구독자와의 이별

마지막 영상을 찍으면서 카메라 앞에서 처음으로 울었다.

"안녕하세요, 지영입니다."

평소의 밝은 목소리를 낼 수 없었다.

"오늘은... 좀 슬픈 소식을 전하게 되었어요. 개인적인 사정으로 당분간 활동을 중단하게 되었습니다."

녹화를 멈췄다. 진정하고 다시 시작했다.

"3개월이라는 짧은 시간이었지만, 정말 행복했습니다. 처음엔 그저 혼자 하는 취미였는데, 어느새 5천 명이 넘는 분들이 함께해주셨어요."

목이 메었다.

"댓글 하나하나가 제게는 큰 힘이었습니다. '언니 덕분에 혼자인 기분에서 벗어날 수 있었어요'라는 말씀, '불면증 때문에 너무 힘들었는데 덕분에 이겨낼 수 있었다'는 말씀... 제가 누군가에게 도움이 될 수 있다는 게 너무 기뻤어요."

더는 말을 잇지 못했다. 카메라를 끄고 한참을 울었다. 편집도 하지 않고 그대로 올렸다. 몇 시간 만에 댓글이 수백 개 달렸다.

"언니 무슨 일이에요ㅜㅜㅜ" "기다릴게요 꼭 돌아와 주세요" "그동안 덕분에 많이 고마웠어요.."

하나하나 읽으며 또 울었다. 그리고 채널을 비공개로 전환했다.

낯선 도시, 여수

여수행 KTX 안. 평생 살아온 수도권을 떠나는 시간. 부모님께는 "승진을 위한 필수 코스"라고 거짓말을 했다.

"여수도 좋은 곳이야. 경력에 도움될 거야. 딱 1년만 다녀오래."

어머니의 걱정 어린 목소리가 아직도 귓가에 맴돌았다.

"아무리 그래도 그렇지, 갑자기 여수라니.."

친구들에게도 거짓말을 했다. "지방 근무하면 수당도 더 나와. 돈 좀 모으려고." 진실을 말할 수 없었다. 공무원이 유튜브 때문에 좌천됐다는 걸 어떻게 설명한단 말인가. KTX가 터널을 지날 때마다 귀가 먹먹해졌다. 마치 다른 세계로 가는 것 같았다. '내가 뭘 잘못했다고…' 분노와 억울함이 밀려왔다. '그냥 취미 생활 하나 한 것뿐인데. 남들은 부동산 투자도 하고 주식도 하는데. 왜 나만 이런 일을 당해야 하지?' 그러다가 또 고개를 가로저었다.

'솔직히 돈 벌고 싶어서 한 건 맞잖아. 아직 수익 활동을 못한 것 뿐이지, 대형 유튜버가 돼서 공무원 그만두고 싶은 건 맞았잖아.' 억울하다는 생각과 동시에 내가 잘못했다는 생각 등 만감이 교차했다. 여수역에 내렸을 때는 이미 밤이 되어 있었다. 2월의 여수는 생각보다 따뜻했다. 인천의 차가운 바닷바람과는 사뭇 다른, 축축하고 무거운 공기가 폐를 채웠다. 관사까지 가는 택시 안에서 창밖을 봤다. 낯선 간판들, 낯선 거리. '여기서 얼마나 있어야 하는 거지?' 기사님이 말을 걸었다.

"여기 분은 아닌 것 같은데, 출장 오셨어요?"

"아니요… 발령받았어요."

"아이고, 서울서 오셨구나. 여수도 살만해요. 음식도 맛있고."

억지로 미소 지으며 고개를 끄덕였다. 관사는 세관 근처 낡은 빌라 2층이었다. 좁은 현관문을 열고 들어가니 같이 살게 될 직원 3명이 맞이해줬다. 방 2개, 작은 부엌, 더 작은 화장실. 짐을 풀 기운도 없이 침대에 쓰러졌다. 천장의 형광등이 깜빡거렸다. '내가 여기서 뭘 하고 있는 거지?' 인천에서의 일상이 그리웠다. 퇴근 후

들르던 카페, 주말마다 가던 단골집, 가끔 만나던 동료와 친구들.
 여수는 낯설었다. 창밖으로 남해바다가 보이긴 했지만, 나는 여기 오고 싶어서 온 게 아니었다. 침대에 누워 천장을 바라봤다. 깜빡이는 형광등처럼 내 인생도 불안정하게 흔들리고 있었다. '언제까지 여기 있어야 하는 거지? 다시 돌아갈 수는 있는 걸까?' 답은 없었다. 그저 이 어둡고 좁은 방에서, 내일도 똑같은 하루를 시작해야 한다는 사실만이 선명했다. 첫날 밤은 그렇게 깊어갔다.

바닥에서 찾은 희망

 3일동안 거의 방에서 나오지 않았다. 동료들과 마주치지 않고 싶었기 때문이다. 냉장고는 비어있었지만 나갈 기운도 없었다. 바나나로 끼니를 때웠다. 핸드폰은 거의 보지 않았다. 부모님의 안부 전화도, 동료들의 걱정 어린 메시지도 받고 싶지 않았다. 그저 천장만 바라보며 누워있었다. '공무원 인생은 이걸로 끝인가?', '평생 이렇게 숨어 살아야 하나?', '다시 인천으로 돌아가면 얼굴을 들고 다닐 수 있을까?' 자기연민의 늪에 빠져있었다. 그렇게 4일째 되던 새벽. 잠을 한숨도 자지 못했다. 갑자기 배가 고팠다. 제대로 된 밥이 먹고 싶었다. 힘겹게 일어나 샤워를 하고 밖으로 나왔다. 여수의 아침은 생각과 달랐다. 바다가 보였다. 인천공항에서 보던 회색빛 바다가 아니었다. 에메랄드빛으로 반짝이는, 살아있는 바다였다. 작은 국밥집을 찾아 들어갔다.

"혼자 오셨어요? 어서 앉으세요."

인심 좋은 아주머니가 뜨끈한 국밥을 내왔다. 파를 듬뿍 올려주시며 말했다. "젊은 처녀가 새벽부터 혼자 밥 먹으러 오니 짠하네. 많이 먹어요."

뜨거운 국물을 마시니 속이 풀렸다. 그때 문득 생각이 들었다. '여기서도 잘 살아야 한다.'

여수의 선물

출근 첫날. 여수세관은 인천공항과는 완전히 달랐다. 작은 2층 건물, 직원도 30명 남짓. 내가 일할 감시과는 한 팀에 고작 5명이 돌아갔다.

"인천에서 오신 이지영 반장님이시죠? 환영합니다."

다들 친절했지만, 그들도 알고 있을 것이다. 내가 왜 여기 왔는지. 업무는 한산했다. 인천공항에서 하루 수백 건씩 처리하던 것과 달리, 여기서는 하루 수십 건이 전부였다. 출근을 해도 할 일이 많이 없었다. '이분들은 어떻게 이 많은 시간을 이렇게 오래도 보냈을까?' 퇴근 후엔 더 막막했다. 교대근무를 마치고 아침에 퇴근하고 나면 하루 반 정도 되는 자유 시간이 주어졌다. 인천에서는 유튜브 촬영과 편집으로 부족했던 시간이, 여기서는 너무 많아 주체할 수 없었다. 만날 사람도 없으니 관사에만 처박혀 있을 수밖에 없었다. 여수의 밤은 참 조용했다. 작은 방에 홀로 앉아 있으니 별

별 생각이 다 들었다.

'유튜브를 계속했으면 어땠을까?', '지금쯤 1만 구독자가 됐을까?', '수익화를 시작했다면 얼마나 벌었을까?' 후회가 밀려왔지만 동시에 깨달았다. '아니야. 어차피 들켰을 거야.', '더 크게 키웠다가 걸렸으면 더 큰 징계를 받았을 거야.' 그래도 아쉬움은 남았다. 5천 명의 구독자들. 그들과 함께했던 3개월. 댓글로 주고받던 소통 등 모든 게 한순간에 사라졌다. '다시 시작할 수는 없을까?' 하지만 불가능했다. 이미 징계를 받은 마당에 또 유튜브를 한다? 그건 제 발등을 찍는 일이었다. '그럼 다른 건 없을까?' 노트북을 켜고 무언가를 찾았다. '부업' '투잡' '직장인 부수입' 검색어를 바꿔가며 찾아보니 대부분은 시간당 몇 천원짜리 알바였다. 설문조사, 댓글 알바, 문서 작성... '이런 걸로는 인생이 안 바뀐다.' 더 큰 것이 필요했다. 하지만 얼굴을 드러낼 수는 없었다. 신분이 노출되어서도 안 됐다. '완전히 익명으로 할 수 있는 것이어야 된다.' 새벽까지 검색을 이어갔다.

운명의 광고

어느 날 새벽 2시였다. "무자본 중국 구매대행으로 월 300만 원 버는 법"라는 광고 문구가 눈에 들어왔다. '또 사기 광고겠지.' 하지만 뭔가에 이끌리듯 클릭한 뒤 상세 페이지를 읽어 내려갔다. '월 300만 원 수입 보장' '얼굴, 이름 노출 없음' '재고 부담 제로'

'무자본 시작 가능' 수강생 후기가 이어졌다.

"처음엔 반신반의했는데 정말 됐어요. 첫 달 50만 원, 지금은 300만 원 넘게 벌고 있습니다.", "퇴근 후 2-3시간으로 충분해요. 주말에 집중하면 더 많이 벌 수 있고요."

후기를 하나하나 꼼꼼히 읽었다. 수익 인증 사진도 있었다. 정산 내역, 판매 화면 캡처. '진짜일까?' 강사 프로필을 확인했다. 실제로 구매대행으로 성공한 사람인 것 같았다. 유튜브 채널도 있었고, 저서도 있었다.

부업이라는 것에 도전하다

일주일을 고민했다. 수강료는 내 월급의 상당 부분을 차지했다. 그리고 통장 잔고도 222만 원 밖에 없었다. '또 실패하면 어쩌지?' '사기면 어떡하지?' 수십 번을 핸드폰을 들었다 놨다 했다. 하지만 이대로 여수에서 평생 머물다가는 내 삶이 아무것도 변하지 않을 거라는 생각이 가슴을 쿵 하고 내려앉게 만들었다. 그날 새벽 3시. 온갖 불안과 두려움이 뒤섞였지만, 나는 과감히 결제 버튼을 눌렀다. 그렇게 중국구매대행이라는 내 인생 첫 도전이 시작됐다. 처음엔 모든 게 낯설었다. 타오바오? 위안화 환율? 관세? 하나도 모르는 단어들이 나를 압도했지만, 뒤돌아갈 수는 없었다. 퇴근 후엔 노트북 앞에 앉아 강의를 들었다. 피곤한 몸을 이끌고, 눈은 감겨오는데도 마치 새로운 세계로 들어가는 듯 두근거렸다. 주말엔 카페에 앉아 상품을 하나하나 검색했다. 좋다는 제품은 다 메모하고, 계산기를 두드렸다.

3주 후, 마침내 첫 주문이 들어왔다. 손가락을 떨며 포장을 하고 택배를 보냈다. 그리고 며칠 뒤, 내 통장에는 15,000원이라는 숫자가 찍혔다.. 크지 않은 돈이었다. 하지만 그 15,000원은 내 인생을 통째로 흔들어 놓았다. 회사 월급이 아닌, 내가 스스로 만들어낸 첫 번째 돈이었으니까. 그 순간 알았다.

"아, 나도 할 수 있구나."

숫자가 말하는 변화

첫 판매에서 남은 건 15,000원. 적은 돈이었지만, 그 순간 나는 깨달았다.

"이거, 진짜 되네."

누군가 들으면 '그거 가지고?'라며 코웃음 칠지도 모른다. 하지만 내게는 그 숫자가 전혀 다르게 다가왔다. 그건 단순한 숫자가 아니라, "나도 돈을 만들 수 있다"는 증거였다. 그 후로 특별한 기술을 배운 것도 아니었다. 복잡한 상세페이지를 만들 필요도 없었다. 프로그램을 켜고, 상품을 올리고, 기다리면 됐다. 정말 그 단순한 과정을 반복했을 뿐이었다. 그러자 숫자가 움직이기 시작했다.

첫 달 수익: 6만 원. 솔직히 큰돈은 아니었다. 하지만 통장에 찍힌 그 6만 원은 내가 직접 벌어낸 첫 성과였다.

◇ 첫 달 매출 ◇

두 달째: 300만 원. 상황은 급격히 달라졌다. 매일 꾸준히 상품을 올리다 보니 주문이 하루 10건, 15건으로 늘어났고 수익은 300만 원까지 뛰어올랐다.

◇ 두 번째 달 매출 ◇

주문일자	요일	송장수	주문수	총판매수량	그래프	총판매금액	지마켓	옥션	11번가	인티파크	스마트스토어	쿠팡	티몬	위메프	롯데ON
21-07-31	토	2	2	3		91,700	0	0	0	0	66,400	0	0	0	25,300
21-07-30	금	6	6	8		441,070	25,000	302,760	113,310	0	0	0	0	0	0
21-07-29	목	7	8	17		680,790	30,340	51,240	135,710	0	463,500	0	0	0	0
21-07-28	수	2	2	2		43,520	0	21,990	21,530	0	0	0	0	0	0
21-07-27	화	6	6	7		581,520	0	0	296,570	0	0	203,440	0	0	81,710
21-07-26	월	3	5	15		812,990	0	42,710	0	0	742,010	0	0	0	28,270
21-07-25	일	3	3	3		162,580	0	0	0	0	0	97,950	0	0	64,630
21-07-24	토	4	4	7		340,250	0	258,150	82,100	0	0	0	0	0	0
21-07-23	금	4	4	7		735,880	643,280	37,120	0	0	0	0	0	0	55,480
21-07-22	목	8	8	9		651,220	77,140	494,700	0	0	0	28,680	0	0	50,700
21-07-21	수	7	7	12		447,530	20,530	35,670	363,890	0	0	27,440	0	0	0
21-07-20	화	4	4	4		302,500	0	202,040	100,460	0	0	0	0	0	0
21-07-19	월	5	5	8		435,970	0	130,590	86,840	0	0	35,620	0	0	182,920
21-07-18	일	10	12	18		958,170	44,330	124,200	36,500	0	0	68,310	0	0	684,830
21-07-17	토	3	3	5		212,270	183,440	28,830	0	0	0	0	0	0	0
21-07-16	금	3	3	3		141,050	0	0	55,250	0	0	62,330	0	0	23,470
21-07-15	목	3	3	3		90,810	0	26,040	64,770	0	0	0	0	0	0
21-07-14	수	2	2	2		65,120	0	65,120	0	0	0	0	0	0	0
21-07-13	화	8	11	11		1,117,450	404,060	142,440	0	0	409,400	0	0	0	161,550
21-07-12	월	3	4	6		193,930	142,760	24,630	26,540	0	0	0	0	0	0
21-07-11	일	1	1	1		94,710	94,710	0	0	0	0	0	0	0	0
21-07-10	토	2	2	2		193,940	24,860	0	0	0	169,080	0	0	0	0
21-07-09	금	2	2	3		1,067,500	194,240	0	0	0	873,260	0	0	0	0
21-07-08	목	6	6	8		444,850	0	232,460	28,680	0	0	101,910	0	0	81,800
21-07-07	수	4	6	7		464,880	0	0	140,530	0	237,500	86,840	0	0	0
21-07-06	화	3	3	3		108,730	0	0	75,680	0	0	33,050	0	0	0
21-07-05	월	2	2	2		179,570	0	179,570	0	0	0	0	0	0	0
21-07-04	일	2	2	4		148,780	0	77,820	70,960	0	0	0	0	0	0
21-07-03	토	2	3	3		71,520	0	0	48,810	0	0	0	0	0	22,710
21-07-02	금	1	1	1		28,680	0	0	0	0	0	28,680	0	0	0
21-07-01	목	2	2	2		124,820	26,150	0	98,670	0	0	0	0	0	0
합계		120	132	186		11,434,300	1,506,780	2,739,700	1,989,050	0	2,961,150	774,250	0	0	1,463,370

 석 달째: 450만 원. 회사 월급의 두 배를 넘어선 금액이었다. 유튜브를 하며 3개월간 한 푼도 벌지 못했던 내가, 구매대행으로는 단 3개월 만에 월급의 2배를 넘게 벌게 된 것이다.

◇ 세 번째 달 매출 ◇

주문일자	요일	송장수	주문수	총판매수량	그래프	총판매금액	지마켓	옥션	11번가	인터파크	스마트스토어	쿠팡	티몬	위메프	롯데ON
21-08-31	화	4	4	4		676,430	0	0	104,300	0	0	0	0	132,130	440,000
21-08-30	월	9	10	10		885,900	157,580	86,500	0	0	0	0	0	0	40,400
21-08-29	일	5	6	14		383,940	0	290,850	0	0	29,130	26,150	0	0	37,810
21-08-28	토	3	4	14		543,323	0	0	273,973	0	0	0	0	0	269,350
21-08-27	금	4	4	5		245,100	20,990	98,150	125,960	0	0	0	0	0	0
21-08-26	목	5	9	9		710,900	0	71,840	533,680	0	0	105,380	0	0	0
21-08-25	수	6	6	6		756,750	35,620	280,700	43,070	0	71,350	0	0	0	326,010
21-08-24	화	6	6	7		596,450	0	0	487,470	70,070	0	39,110	0	0	0
21-08-23	월	6	8	10		564,810	0	57,160	438,480	0	0	0	0	0	69,170
21-08-22	일	2	5	5		174,330	113,080	0	61,250	0	0	0	0	0	0
21-08-21	토	2	2	2		212,040	0	0	212,040	0	0	0	0	0	0
21-08-20	금	3	4	4		195,800	0	0	195,800	0	0	0	0	0	0
21-08-19	목	6	7	13		1,305,960	50,920	813,340	217,400	0	0	224,300	0	0	0
21-08-18	수	5	7	8		622,140	107,400	52,000	462,740	0	0	0	0	0	0
21-08-17	화	11	11	24		1,501,210	0	879,700	241,530	0	253,200	25,380	0	0	101,580
21-08-16	월	6	6	7		536,345	0	536,345	0	0	0	0	0	0	0
21-08-15	일	6	6	6		536,220	0	207,100	70,680	0	0	158,830	0	0	99,610
21-08-14	토	4	4	4		635,160	367,760	203,510	28,270	0	0	35,620	0	0	0
21-08-13	금	3	3	4		353,630	0	232,540	0	0	0	98,380	0	0	22,710
21-08-12	목	6	8	8		515,930	0	133,690	270,320	0	0	0	0	0	111,920
21-08-11	수	10	11	13		968,550	258,830	149,250	338,490	0	42,160	157,220	0	0	22,600
21-08-10	화	7	7	8		1,002,380	224,300	281,930	279,740	0	45,170	0	0	0	171,640
21-08-09	월	6	6	18		665,900	0	535,140	67,120	0	0	41,780	0	0	21,350
21-08-08	일	4	4	7		252,470	0	105,700	146,770	0	0	0	0	0	0
21-08-07	토	6	6	7		390,710	0	129,350	46,920	0	46,980	0	0	0	167,460
21-08-06	금	3	3	3		86,280	0	54,440	0	0	0	0	0	0	31,840
21-08-05	목	4	4	5		193,700	0	24,360	76,950	0	0	35,620	0	0	56,770
21-08-04	수	4	4	5		358,930	0	114,320	224,820	0	0	19,790	0	0	0
21-08-03	화	5	5	9		497,350	247,220	103,660	85,290	0	0	0	0	0	61,180
21-08-02	월	5	5	8		338,220	0	0	177,540	0	0	35,620	0	89,240	35,820
21-08-01	일	0	0	0		0	0	0	0	0	0	0	0	0	0
합계		159	180	249		16,706,948	1,583,700	6,473,965	4,849,523	0	527,100	964,070	0	221,570	2,087,020

　　여수의 텅 빈 시간들이 이제는 부족할 지경이었다. 한때는 퇴근 후에 침대에 드러누워 핸드폰만 보녀 흘려보내던 저녁들이, 이제는 눈 깜짝할 사이에 사라졌다. 퇴근하자마자 집으로 달려와 노트북을 켰다. 하루치 들어온 주문을 확인하고, 결제된 건을 포장했다. 택배 송장을 붙이고, 고객 문의에 답변하다 보면 어느새 두세

시간이 훌쩍 지나 있었다. 그 사이에도 머릿속은 '다음에 어떤 상품을 올려야 할까'로 가득했다. 신상품을 찾는 일도 멈추지 않았다. 누구에게 배우거나 광고를 돌린 것도 아니었다. 그냥 프로그램을 켜고, 상품을 올리고, 기다렸다. 그 단순한 과정이 반복될수록 주문은 조금씩 늘어났다.

처음에는 하루에 3~5건이던 주문이 어느 날은 10건을 넘기고, 주말이면 20건을 찍었다. 주말은 더 바빴다. 다른 사람들은 카페에서 여유를 즐기거나 드라마를 몰아봤겠지만 나는 내 마켓에 새 상품을 올리느라 시간 가는 줄 몰랐다. 노트북을 몇 시간 동안 붙들고 있어도 지루하지 않았다. 좋은 상품을 찾아내서 등록 버튼을 누를 때마다 "이번에도 팔릴까?" 하는 설렘이 있었다. 그리고 실제로 주문이 들어오면, 그 설렘은 확신으로 바뀌었다.

예전에는 여수라는 도시가 내게는 좁고, 막혀 있는 공간처럼 느껴졌다. 하지만 지금은 달랐다. 똑같은 여수인데, 내가 하는 일이 달라지니 도시의 공기도, 내 삶의 무게도 전혀 다르게 다가왔다. 시간이 남아돌던 과거와 달리, 이젠 시간이 부족해지고, 하루가 짧아졌다. 그 바쁨 속에서 나는 오히려 더 살아 있음을 느꼈다. '내가 사업이라는 걸 하고 있구나.' 처음으로 스스로에게 그렇게 말할 수 있었다. 그 말은 단순한 자기 위로가 아니었다. 실제로 내 손으로 번 돈이 있었고, 그 돈이 내 삶을 바꾸고 있었기 때문이다. 그리고 그 순간, 평생 처음으로 스스로가 자랑스러웠다.

여수에서 피어난 가능성

여수의 밤은 더 이상 외롭지 않았다. 퇴근 후엔 키워드를 분석하고, 상품을 찾고, 등록하고, 주문을 처리했다. 바빴다. 하지만 좋은 바쁨이었다. '내가 사업을 하고 있구나.' 작지만 내 사업이었다. 시작한 지 단 두 달만에, 월 매출 1,000만 원을 돌파했고 순익 300만 원을 달성해서 월급을 뛰어넘게 됐다. 그리고 깨달았다. 여수로 온 것이 오히려 축복이었다는 것을. 인천에 있었다면? 아마 여전히 동료들과 술잔을 기울이며 월급날만 기다렸을 것이다. "에휴, 이번 달도 텅텅 비었네.", "나도 부업이라도 해야 하나?", "그냥 이렇게 살다가 정년퇴직이나 하자."

내가 3년 동안 지켜봤던 선배들의 모습. 그들이 걷던 길을 나도 따라 걸었을 것이다. 여수로 밀려났기에, 갈 곳이 없었기에, 더 이상 잃을 게 없었기에 진짜 도전을 시작할 수 있었다.

전화위복의 의미

그날 밤, 일기장을 꺼냈다. 「2021년 여수. 이곳에 처음 왔을 때는 정말 세상이 끝난 것 같았다. 직장에서 신뢰를 잃고, 애정을 담아 만든 유튜브 채널을 잃고, 인천을 떠나고, 모든 게 무너진 것 같았다. 하지만 지금 생각해보면 그것이 시작이었다. 유배지라고 생각했던 이곳이 기회의 땅이었고, 좌절이라고 생각했던 사건이 전환점이었다. 구매대행으로 번 첫 300만 원을 통장에서 확인하며 생각한다. 모든 위기는 기회를 품고 있다고. 모든 끝은 새로운 시작이라고.

전화위복轉禍爲福. 화를 돌려 복으로 만든다는 그 오래된 사자성어가 내 인생에 그대로 적용되고 있다. 유튜브 구독자 5천 명이 사라졌지만, 월 300만 원의 추가소득이 생겼다. 인천을 떠났지만, 더 큰 세계를 만났다. 공무원으로는 상상도 못할 일들이 현실이 되고 있다. 아직 시작일 뿐이다. 이것보다 더 큰 일들이 기다리고 있을 것이다.

여수야, 고맙다. 나를 여기로 보낸 사람들도, 이제는 고맙다. 덕분에 나는 진짜 내 길을 찾았으니까.」 창밖으로 여수 밤바다가 보였다. 불빛들이 물 위에 반짝거렸다. 마치 별처럼, 희망처럼. 그때는 몰랐다. 그 작은 시작이 3년 후 연 매출 100억 원의 씨앗이 될 줄은, 그 강의비를 투자했던 결정이 이런 사업으로 성장할 줄 말이다.

여수에서 보낸 석 달.

나는 더 이상 좌천당한 공무원이 아니었다. 매일 밤 타오바오를 뒤지며 상품을 찾는 초보 사업가였고, 주문 알림에 심장이 뛰는 판매자였다. 처음으로 월급 외 수입이 300만 원을 넘긴 순간, 나는 확신했다. '더 할 수 있다.' 하지만 아직 부족했다. 월 300만 원으로는 인생이 바뀌지 않는다. 빚도 갚아야 하고, 부모님께 용돈도 드려야 하고, 무엇보다 이 답답한 공무원 생활에서 벗어나야 했다. 목표는 하나였다. 월천月千. 월 1,000만 원. 말도 안 되는 꿈처럼 보였지만, 불가능하지 않다고 믿었다. 이미 0원에서 300만 원을 만들지 않았는가.

이제부터가 진짜 시작이었다.

의심 가득했던 강의, 인생을 바꾸다

퇴근 후 저녁 8시, 나는 여수 관사의 작은 책상 앞에 앉았다. 노트북 화면에는 구매대행 강의 첫 페이지가 떠 있었다.

"안녕하세요, 여러분의 월천을 책임질 강사입니다."

'월천'이라는 단어가 낯설었다. 월 1,000만 원. 내 월급의 6배가 넘는 금액이었다. '진짜 가능한 걸까?' 의심스러웠지만, 이미 강의비를 질렀다. 후퇴는 없었다. 첫 강의는 충격의 연속이었다.

"닭털제거기를 아시나요?", "집진기, 청소솔은요?", "알루미늄 비계는 어떤가요?"

뭐? 이런 게 팔린다고? 강사는 닭털제거기의 판매내역을 보여줬다. 월 500개 판매. 개당 마진 2만 원. 월 수익 1,000만 원. '미친... 진짜네?' 하지만 여전히 반신반의했다. 남이 하면 되고, 내가 하면 안 되는 게 세상의 이치 아닌가.

"여러분, 의심하는 거 압니다. 저도 처음엔 그랬어요. 하지만 숫자는 거짓말하지 않습니다."

강사의 말이 귓가에 맴돌았다. 그래, 일단 해보자. 어차피 강의비 날린 거, 끝까지 가보자. 첫 상품, 첫 좌절, 그리고 첫 판매 상품 선정이 첫 관문이었다. 타오바오라는 중국 사이트를 하루종일 뒤졌다. '뭘 팔아야 하지?' '이건 너무 비싸고...' '이건 이미 많이 파는데...' 강의에서 배운 기준을 떠올렸다. "검색량은 많지 않지만 꾸준히 찾는 상품", "경쟁률이 1 미만인 상품", "마진율 50% 이상 가능한 상품" 3일을 고민한 끝에 첫 상품을 정했다.

◇ **주방 기름막이** ◇

이유는 단순했다.

중국 가격	24,000원	중국 → 국내 배송비	6,000원
예상 판매가	50,000원	예상 마진	20,000원
검색량 월	월 10,000회	경쟁 강도	0.9

완벽한 조건이었다. 떨리는 마음으로 쿠팡에 상품을 등록했다. 상세페이지는 번역할 여력이 없어 그냥 중국어로 된 페이지를 올렸다. 하지만 막상 등록하려니 겁이 났다. '진짜 팔릴까?', '반품 오면 어쩌지?', '고객이 불만족하면?' 한 시간을 망설이다가, 결국 '등록' 버튼을 눌렀다. 드디어 첫 상품 등록 완료. 그리고... 기다렸다. 아무 일도 일어나지 않았다.

하루가 지났다. 주문 0개. 이틀이 지났다. 여전히 0개. 사흘, 나흘... 일주일. 매일 100번씩 판매자 센터를 새로고침했다. 하지만 주문 내역은 텅 비어있었다. 역시 안 되는구나.', '강의비만 날렸네.', '그냥 공무원이나 계속하자.' 자조적인 생각이 들었다.

그냥 올려두면 금방 팔릴 줄 알았는데, 일주일이 지나도 조용했다. "왜 아무도 안 사지?" 답답했지만, 곰곰이 다시 들여다봤다. 그때 눈에 걸린 게 있었다. 상품명이었다. 내가 적어둔 이름은 단순히 주방 기름막이였다. 검색하는 사람이 이걸로 찾을 리가 없다는 걸 깨달았다. 그래서 키워드를 직접 연구했다. 네이버 검색창에 '가스렌지', '방열판', '기름막이' 같은 단어들을 조합해보니 사람들이 가장 많이 쓰는 표현이 눈에 들어왔다. 바로 '가스렌지 방열판'. 망설임 없이 상품명을 수정했다.

[주방 기름막이] ⟶ [가스렌지 방열판]

그리고 이틀 뒤, 띠링! "신규 주문이 있습니다." 심장이 멎는 줄 알았다. 떨리는 손으로 주문 내역을 눌렀다. 가스렌지 방열판 1개. 결제 금액 5만 원대. 순이익 약 2만 원. 처음으로 내 손으로 번 '내 사업의 돈'이었다. 월급날만 기다리던 인생에서, 내가 올린 상품 하나로 돈이 들어오는 순간. 그 충격과 찌릿함은 아직도 잊히지 않는다.

그날 이후 나는 확신했다. "이 시장은 진짜다. 나도 해낼 수 있다." 내 생애 첫 온라인 판매였다. 화장실 칸에서 혼자 주먹을 불끈 쥐었다. "예스! 됐다!" 옆 칸에서 기침 소리가 들렸다. 황급히 입을 다물었지만, 입꼬리는 내려오지 않았다.

20,000원의 기적

첫 주문이 들어온 순간, 바로 중국 업체에 발주를 넣었다. 타오바오에 그냥 내 카드로 결제를 하면 되는 것이었다. 간단한 업무였지만 떨렸다. 내 첫 해외 발주였으니까. 해외구매대행의 특성상 주문 후 배송까지 2-3주. 고객에게 양해 메시지를 보냈다.

"주문 감사합니다. 해외 배송으로 2-3주 소요됩니다."

고객의 답장. "넵, 기다릴게요^^" 그 이모티콘 하나가 그렇게 고마울 수가 없었다. 매일 배송 추적을 확인했다. 마치 내 아이를 기다리는 기분이었다. 특히 통관 단계가 조마조마했다. 혹시 문제가 생기면 어쩌지? 관세를 너무 많이 물면? 다행히 무사히 통관됐다. 관세도 예상 범위 내였다.

7월 7일	중국 창고 출발
7월 10일	인천공항 도착
7월 12일	통관 대기
7월 14일	통관 완료
7월 15일	국내 배송 시작

7월 17일, 고객에게 배송 완료. 다음날, 구매확정과 함께 리뷰

가 달렸다.

> **"깨끗하게 잘 배송됐어요! 만족합니다"** ★★★★★

별 다섯 개. 그 별들이 진짜 별처럼 빛났다. 순수익은 20,000원. '처음으로 내가 만든 돈'이라는 사실. 월급은 시간을 팔아서 받는 돈이다. 하지만 이건 달랐다. 내가 찾고, 내가 팔아서, 내가 번 돈. 이 20,000원이 내 인생을 바꿀 시작점이 될 줄은 아직 몰랐다.

스노우볼이 굴러가기 시작하다

첫 판매 이후, 뭔가 스위치가 켜졌다. '할 수 있다!' 바로 두 번째, 세 번째 상품을 등록했다.

- 벽걸이 칫솔 살균기
- 미니 공기청정기
- 차량용 쓰레기통

이번엔 처음부터 키워드를 신경 썼다. '충전식', 'UV', '휴대용' 같은 단어들을 적절히 배치했다. 효과는 즉시 나타났다. 등록 3일 만에 첫 주문이 들어왔다. 하루 1-2개씩 팔리기 시작했다.

- **7월 첫째 주:** 35만 원
- **7월 둘째 주:** 50만 원
- **7월 셋째 주:** 130만 원

기하급수적으로 늘어났다. 무엇보다 재미있었다. 매일 아침 눈 뜨면 주문 내역부터 확인했다. "오늘은 몇 개나 팔렸을까?" 알람 소리가 들릴 때마다 심장이 뛰었다. 월급날보다 매일이 더 기대됐다. 하지만 실패도 있었다. 7월 중순, 자신감이 생겨서 무리하게 상품을 등록했다. '휴대용 에어컨'이라는 제품이었다. 중국 가격은 3만 원이었고 판매가는 8만 원이었다. 예상 마진은 3만 원 정도였다. 마진이 크니까 대박 날 것 같았다. 하지만 첫 주문자가 바로 반품을 요청했다.

"이게 에어컨이에요? 그냥 선풍기잖아요!"

상품 설명을 제대로 확인하지 않은 내 실수였다. '에어컨'이 아니라 '냉풍기'였던 것. 문제는 이미 중국에서 고객에게 직배송이 완료된 상태였다. 구매대행의 특성상 중국에서 직배송된 제품은 반품이 사실상 불가능했다. 중국으로 다시 보내는 국제 배송비가 제품값보다 비쌌기 때문이다. 결국 고객에게 전액 환불해드리고, 제품은 고객이 그냥 가지시라고 했다.

총 손실: 제품 원가 + 배송비 = 약 36,000원

아팠다. 정말 아팠다. 하루 일당보다 많은 돈이 날아갔다. 하지만 이것도 수업료라고 생각했다. '상품 설명은 꼼꼼히 확인하자.', '과대광고는 절대 금물.', '고객의 기대와 실제 상품의 차이를 명확히 해야 한다.' 뼈아픈 교훈을 얻었다.

운명의 상품, 알루미늄 비계를 만나다

2021년 7월 31일. 첫 달 정산을 했다. 총 매출: 1,000만 원, 총 비용: 700만 원, 순수익: 300만 원. 월급의 1.5배를 추가로 번 것이다. 통장을 보며 생각했다. '이게... 진짜 내 돈이야?' 믿기지 않아서 몇 번이고 확인했다. 하지만 이건 시작에 불과했다. 8월, 본격적으로 상품을 늘렸다. 이제 요령이 생겼다. 어떤 상품이 잘 팔리는지 감이 왔다.

디노의 상품 키워드 선정 3원칙

1. 한달 검색량 300-5,000 사이

2. 경쟁강도 낮은 것

3. 무겁고 크고 비싼 것

그리고 운명의 상품을 만났다. 알루미늄 틀비계(아시바).

"아시바가 뭐야?"

친구한테 설명하려니 쉽지 않았다.

"건설 현장에서 쓰는 임시 발판이야. 높은 곳에서 작업할 때 필요한 거."

"그런 걸 누가 온라인으로 사?"

나도 의심스러웠다. 하지만 데이터는 거짓말하지 않았다.

월 검색량	300회	경쟁강도	0.8
네이버 최저가	25만 원		

중국에서 찾아보니 중국 가격은 8만 원이었고, 관세와 배송비가 4만 원이었다. 총 원가: 12만 원, 한국 판매가: 25만 원. 예상 마진: 10만 원 이상이었다. '진짜 이런 게 팔릴까?' 반신반의하며 등록했다. 이번엔 잘못 올리지 않았는지 꼼꼼히 체크하고, 옵션들의 스펙도 자세히 넣었다.

"대량 구매 문의드립니다."

3일 후, 건설업체에서 연락이 왔다. 20세트를 한 번에 구매하고 싶다고. 손이 떨렸다. 20세트면... 마진만 200만 원?

200만 원의 떨림, 그리고 도전

"네, 가능합니다. 하지만 해외 배송이라..."

"2주 정도 걸린다고요? 괜찮습니다. 가격이 저렴해서 기다릴 만해요."

전화를 끊고 화장실로 뛰어갔다. 변기에 앉아 계산기를 두드렸다. 매출 500만 원. 원가 240만 원. 각종 비용 60만 원. 순수익 200만 원. '미친... 이게 말이 돼?' 하지만 동시에 두려움이 밀려왔다. 자금 문제였다. 원가 240만 원을 어디서 구하지? 구매대행은 재고 리스크는 없지만, 운영 자금은 필요했다. 고객이 주문하면 내가 먼저 중국 업체에 돈을 지불해야 했다. 그리고 고객에게 배송 완료 후에 온라인 마켓에서 정산을 해준다. 보통 2-3주의 시차가 있었다. 하지만 중국 업체에는 지금 당장 240만 원을 지불해야 했다. 통장 잔고는 150만 원. 카드 한도도 이미 거의 찼다. '어떻게든 해야 한다.' 나는 절실했다.

빚 2,000만 원. 매달 이자만 50만 원. 부모님께 용돈도 못 드리는 현실. 32살에 아직도 학자금 대출을 갚는 인생. 이런 대량 주문은 다시 오지 않을 수도 있었다. 결국 카드 한도를 임시로 증액했다. 그리고 현금서비스까지 받았다. 연 18% 이자? 상관없었다. 3주 후면 갚을 수 있으니까. 200만 원 수익이면 이자 몇 만 원쯤은 아무것도 아니었다.

떨리는 손으로 중국 업체에 송금했다. 인생을 건 도박이었다. 만약 반품이 대량으로 들어온다면? 통관에서 문제가 생긴다면? 배송 중 파손된다면? 생각할수록 두려웠지만, 이미 주사위는 던져졌다.

이중생활의 시작

2주가 지옥 같았다. '제품에 문제가 있으면 어쩌지?', '배송이 늦어지면?', '통관에서 막히면?' 매일 배송 추적만 100번씩 확인했다. 며칠 뒤 드디어 제품이 도착했다. 배송대행지에서 보내준 사진으로 확인해보니 품질도 양호했다. 건설업체에 연락했다.

"주문하신 제품 통관 완료되었습니다. 1-2일 내 도착 예정입니다."

"네, 알겠습니다."

이틀 후, 배송 완료. 그리고 며칠 후, 구매확정. 스마트스토어 정산 예정 금액: 500만 원. 카드값과 현금서비스를 갚고도 200만 원이 남았다. 그날 밤, 혼자 맥주를 마시는데 비로소 실감이 났다. '해냈다... 정말 해냈다...' 한 달 수익이 350만 원을 넘었다. 월급의 2배를 추가로 번 것이다. 내 인생에서 처음으로, 월급보다 많은 돈을 벌었다. 하지만 겉으로는 평온해야 했다.

"이지영 씨, 요즘 기분 좋아 보여요?"

"아... 그냥 날씨가 좋아서요."

들킬까 봐 조마조마했다. 특히 전화 응대가 고역이었다.

근무 중에 고객 전화가 오면, 급하게 화장실로 뛰어가서 받았다.

"네, 잠시만요. 제가 다시 연락 드릴게요."

그리고 화장실 칸에서 속삭이듯 통화했다.

"네, 사장님. 상품 잘 받으셨어요? 아, 추가 주문이요? 가능합니다!"

한 번은 과장님이 화장실까지 따라왔다.

"이지영 씨, 괜찮아요? 자주 화장실 가네?"

"아... 장염이 좀..."

거짓말도 늘었다. 낮에는 공무원, 밤에는 사업가인 이중생활이 시작됐다.

월천 달성의 순간

시간이 갈수록 실력이 늘었다. 9월: 450만 원, 10월: 580만 원, 11월: 850만 원. 그리고 드디어 그날이 왔다. 2021년 12월 31일. 12월 정산을 했다. 총 매출: 3,500만 원, 총 비용: 2,300만 원, 순수익: 1,200만 원. 월천月千. 월 1,000만 원을 달성했다. 혼자 작은 관사에서 주먹을 불끈 쥐었다. '해냈다... 정말 해냈다...' 곧바로 엄마에게 전화했다.

"엄마, 나 용돈 좀 보낼게."

"갑자기 무슨 용돈?"

"그냥... 이제 좀 여유가 생겨서."

100만 원을 송금했다. 엄마의 전화가 다시 왔다.

"야! 이게 뭐야? 잘못 보낸 거 아니야?"

"아니야. 엄마 쓰라고."

"너 무슨 일 있어? 어디서 난 돈이야?"

"그냥... 열심히 일해서 번 거야."

"우리 딸이 언제 이렇게 컸나~ 고맙다. 아빠한테 자랑해야겠네!"

엄마의 목소리에 자부심이 묻어났다. 처음으로 부모님께 당당해진 기분이었다.

확신, 그리고 결단

하지만 아직 퇴사할 수 없었다. 강사의 조언이 떠올랐다.

"최소 6개월은 유지하세요. 한두 달 반짝하는 건 운일 수 있어요."

맞는 말이었다. 2022년 1월: 1,100만 원, 2022년 2월: 980만 원, 2022년 3월: 1,300만 원, 2022년 4월: 1,150만 원, 2022년 5월: 1,450만 원. 5개월 연속 월천 달성. 이제 확신이 들었다. 이건 운이 아니라 실력이다. 상품도 100개가 넘었다. 시스템도 안정화됐다. 무엇보다 노하우가 쌓였다. 이제 떠날 때가 됐다.

2022년 6월 15일. 정확히 1년 만이었다. 구매대행을 시작한 지 딱 1년. 오전 9시, 과장님을 찾아갔다.

"사직서입니다."

"뭐? 갑자기 왜?"

"개인 사정이 있어서요."

"무슨 일인지 말해봐. 도와줄 수 있으면…"

잠시 고민했다. 솔직하게 말할까?

'제가 월 1,000만 원을 벌어서요.'

하지만 그럴 순 없었다.

"가족 일로… 좀 쉬어야 할 것 같아서요."

과장님은 아쉬워했지만 더 묻지 않았다.

자유를 향한 첫걸음

퇴사일인 7월 15일까지 한 달. 마지막까지 들키지 않기 위해 조심했다. 평소처럼 출근하고, 평소처럼 일했다. 하지만 마음은 이미 떠나 있었다. 6월 수익은 1,800만 원을 기록했다. 퇴사 선물처럼 느껴졌다. 마지막 출근날. 5년간의 공무원 생활. 처음엔 부모님의 자랑이었고, 친구들의 부러움이었던 자리. 이제는 작별할 시간이었다. 책상을 정리하며 생각했다. '여기서 평생 일했다면 어땠을까?' 아마 안정적이었을 것이다. 하지만 후회했을 것이다. 도전하지 않은 것을. 가능성을 시험하지 않은 것을.

"이지영 씨, 앞으로 뭐 할 거예요?"

"그냥… 쉬면서 생각해보려고요."

거짓말이었다. 나는 이미 다음을 준비하고 있었다. 월천을 넘어, 더 큰 꿈을 향해. 집으로 돌아오는 길. 더 이상 출근하지 않아도 된다는 사실이 아직 실감 나지 않았다. 하지만 통장의 숫자는 거짓말하지 않았다.

[잔액: 52,345,000원]

1년 만에 5,000만 원을 모았다. 빚 2,000만 원도 모두 갚았다. 월급의 벽을 넘었다. 170만 원의 한계를 깨부쉈다. 그리고 증명했다. 평범한 사람도 할 수 있다고. 특별한 재능이 없어도 된다고. 그저 간절하고, 꾸준하면 된다고. 휴대용 과일 세척기 하나로 시작해서, 알루미늄 비계로 도약했고, 이제는 100개가 넘는 상품을 판매하는 사업가가 됐다.

이것이 나의 월천 신화였다. 그리고 이제, 더 큰 신화를 쓸 차례였다.

PART 2

왜 당신은 아직도 부자가 아닌가?

들어가며

2022년 겨울, 나는 인천공항 근처 카페에서 옛 동료를 만났다. 5년 전 같이 9급 공무원 시험에 합격했던 친구였다. 우리는 같은 날 임용장을 받았고, 같은 월급을 받으며 시작했다.

"야, 너 요즘 잘 나간다며? 유튜브에서 봤어."

친구는 복잡한 표정으로 말했다. 부러움과 의구심이 섞인 눈빛이었다.

"근데 말이야... 우리 똑같이 시작했잖아. 나는 아직도 월급 300만 원이 조금 넘는데, 너는 어떻게 그렇게 됐어?"

나는 잠시 말을 멈췄다. 무슨 말부터 해야 할까. 친구는 이어서 말했다.

"나도 부업 해봤어. 주식도 하고, 코인도 하고, 중고 물품 판매도 해봤는데... 다 실패했어. 역시 금수저가 아니면 부자 되기 힘든가 봐."

그 순간 5년 전이 떠올랐다. 나도 똑같이 생각했었다. 부자는 특별한 사람들이고, 우리 같은 평범한 사람은 그저 월급이나 받으며 살아야 한다고. 하지만 지금의 나는 안다. 우리가 부자가 되지 못하는 건 능력이 부족해서가 아니다. 돈이 없어서도 아니다. 단지 잘못된 믿음에 갇혀 있기 때문이다. 그날 친구와 4시간을 이야기했다. 왜 그는 아직도 제자리인지, 왜 나는 여기까지 올 수 있었는지. 차이는 생각보다 단순했다. 친구는 여전히 '안정'을 최고의 가치로 여겼다. 위험한 도전보다는 확실한 월급을 선택했고, 실패를 두려워했으며, 혼자서만 해결하려 했다. 무엇보다 '시간을 팔아 돈을 버는 것'이 유일한 방법이라고 믿었다.

반면 나는 모든 것을 의심하고 다시 생각했다. 안정적인 직장이 정말 안정적인가? 월급만으로 부자가 될 수 있는가? 실패는 정말 나쁜 것인가? 혼자서 모든 걸 할 수 있는가? 이 질문들에 대한 답을 찾아가는 과정이 나를 여기까지 오게 했다. 이 챕터에서는 우리를 가난하게 믿드는 잘못된 믿음들을 하나씩 깨뜨려볼 것이다. '안정적인 직장'이라는 환상, '돈은 더럽다'는 오래된 편견, '시간=돈'이라는 낡은 공식, '노력하면 성공한다'는 반쪽짜리 진실, '실패는 끝이다'라는 두려움, '혼자서도 할 수 있다'는 자만심, 그리고 '때가 되면'이라는 미루기. 이 믿음들이 얼마나 우리를 속여왔는지, 그리고 진실은 무엇인지 보여주겠다. 혹시 이런 생각을 하고 있다면 특히 주목해주길 바란다. "나는 열심히 일하는데 왜 가난할까?", "부자들은 뭔가 특별한 게 있겠지?", "돈 많이 벌면 불행해진다던데...", "안정적인 직장이 최고야", "나이 들어서 뭘 새로 시작하겠어" 이런 생각들이 바로 당신을 가난하게 만드는 주범이다. 친구와 헤어지면서 나는 물었다.

"5년 후에도 지금처럼 살고 싶어?"

친구는 고개를 저었다.

"그럼 지금이라도 다르게 생각해봐. 모든 걸 의심하고, 다시 질문해봐. 왜 나는 부자가 될 수 없다고 생각하는지."

이제 당신에게도 같은 질문을 던진다. 왜 당신은 아직도 부자가 아닌가? 능력이 부족해서? 돈이 없어서? 운이 나빠서? 아니다. 단지 잘못된 믿음에 갇혀 있을 뿐이다. 그 감옥에서 나오는 순간, 당신도 부자가 될 수 있다. 나처럼. 그리고 이미 그 길을 걸어간 수많은 평범한 사람들처럼. 자, 이제 당신을 가난하게 만드는 그 믿음들을 하나씩 깨뜨려보자.

chapter 1

안정적인 직장의 환상

혹시 이런 적 있는가? 월요일 아침 9시부터 금요일 오후 6시만 기다리며 살고, 일하는 8시간 내내 퇴근 후 뭐 먹을지만 생각하고, 주말에 뭐할지만 손꼽아 기다리던 적. 나는 있다. 월급날만 손꼽아 기다리다가, 막상 통장에 찍힌 숫자를 보고 한숨 쉬어본 적이.

"에이, 이번 달도 똑같네. 보너스는 언제 주려나."

나는 그랬다. 관세청 공무원. 누구나 부러워하는 철밥통. "너는 좋겠다, 평생 직장 보장 되잖아.", "공무원 연금도 있고, 정년도 보장되고." 다들 그렇게 말했다. 나도 그렇게 믿었다.

그런데 이상했다. 안정적이라는데 왜 불안할까? 철밥통이라는데 왜 매달 돈이 모자랄까? 평생직장이라는데 왜 내일이 답답할까? 지금부터 하는 이야기가 불편할 수 있다. 하지만 누군가는 해야 할 이야기다. 당신이 믿고 있는 '안정적인 직장'의 실체에 대해. 내가 5년간 공무원 생활하며 깨달은, 그리고 2025년 현재 더욱 극명해진 차가운 현실에 대해.

공무원 신화는 이미 깨졌다

앞서 이야기한 내 경험만 봐도 공무원의 '안정'이 얼마나 허울뿐인지 알 수 있다. 9급 세관공무원. 누구나 부러워하는 철밥통이라고 했다. 하지만 유튜브 부업 하나 걸렸다고 인천공항에서 여수로 쫓겨났다. 월급 170만 원은 5년이 지나도 거의 그대로였고, 전셋값은 두 배가 올랐다. 이게 안정인가? 공무원도 이런데, 일반 회사는 어떨까?

희망퇴직이 일상이 된 시대

"요즘 회사에서 45세면 고령자야."

2024년, 모 대기업 인사팀장이 한 말이다. 농담이 아니다. 실제로 한국 대기업의 평균 퇴직 연령은 47.8세로 더 낮아졌다. S전자는 2024년부터 '상시 희망퇴직' 제도를 본격화했다. 30대도 대상자다. S하이닉스는 2025년부터 AI 전환으로 인한 대규모 인력 재배치를 시작했다. 전통적인 반도체 엔지니어들이 대거 퇴출 위기에 놓였다. 대기업 S그룹에서는 이번 구조조정으로 천여 명의 인력이 줄어들 것으로 예상된다. 한국 대기업의 40대 희망퇴직자 수는 계속 증가 추세다. 2022년에는 10년 이상 근무한 일반 직원 가운데 만 40세 직원도 희망퇴직 대상에 포함됐으며, 희망퇴직 연령이 30대까지 내려가서 상당히 심각해지기 시작했다. 평생직장 시대는 이미 깨졌다.

기업 수명 30년의 진실

한국 기업의 평균 수명은 25.8년으로 더 짧아졌다. 미국(40년), 일본(52년)에 비해 현저히 짧다. 구체적으로 보자.

- **대우그룹:** 한때 재계 2위, 1999년 해체
- **STX:** 조선업 호황기 매출 25조, 2013년 법정관리
- **한진해운:** 세계 7위 해운사, 2017년 파산
- **아시아나항공:** 2020년 대한항공에 인수

2025년 현재도 구조조정은 계속된다. 유통업계 대기업 L사와 S사의 임직원 수는 팬데믹 이전인 2019년 말과 비교하면 15% 이상 줄었다. 두 회사 합쳐 약 1만 명 가까이 줄어든 셈이다. AI와 자동화로 인해 2030년까지 한국 일자리의 35%가 사라지거나 대체될 것이라는 예측도 나온다.

회사의 우선순위를 이해하라

이쯤 되면 궁금할 것이다. 왜 기업들은 이렇게 사람을 자르는가? 평생 충성하며 일한 직원들을 왜 하루아침에 내보내는가? 답은 간단하다. 회사는 이익을 내기 위해 존재하기 때문이다. 그렇다면 당신은 회사에게 무엇인가? 인건비. 손익계산서상 '비용' 항목이라는 것이다. 2025년 한국 상장기업 평균 인건비 비중은 매출의 16.1%로 더 올랐다. CEO 입장에서 가장 큰 비용 항목이다. 회사를 미워하라는 게 아니다. 이해하라는 거다. 회사와 나의 관계를 명확히 인식해야 한다.

안정성의 끝은 중산층이라는 한계

그렇다면 끝까지 살아남아 정년퇴직까지 간다면? 과연 그것이 성공일까? 2025년 현재 대기업 10년 차 과장의 평균 연봉은 약 8,500만 원이다. 세후 6,400만 원. 생활비 빼고 저축 가능액은? 후하게 잡아도 연 3,200만 원이다. 서울 평균 아파트 가격은 2025년 1월 기준 13억 8,000만 원이다. 강남은? 평균 28억 원이다.

계산해보자. 한 푼도 안 쓰고 모아도 서울 아파트 하나 사는 데 43년이 걸린다. 강남은 무려 88년이다. 불가능하다고 할 수 있다. 순자산 상위 10%의 경계선은 10억 2,000만 원으로 올랐다. 근로소득만으로 여기 도달한 사람은 전체의 2.8%뿐이다. 결론은 명확하다. 우리가 '안정적'이라고 믿었던 직장 생활은 사실 '예측 가능한 한계' 안에 갇혀 있을 뿐이다. 매달 들어오는 월급은 안정적이지만, 그것만으로는 진정한 경제적 자유를 얻을 수 없다. 이것이 정말 우리가 원했던 안정인가?

그렇다면 진짜 안정은 뭘까? 첫째, 수입원의 다각화다. 한 가지 수입원에 의존하는 것은 위험하다. 회사가 망하면? 구조조정 대상자가 되면? 모든 것이 끝난다. 반면 수입원이 여러 개면? 하나가 망해도 다른 것이 있다. 위험이 분산된다. 이것이 진짜 안정이다. 어떻게 시작할까? 작게 시작하라. 부업, 투자, 사이드 프로젝트. 뭐든 좋다. 중요한 것은 월급 외 수입을 만드는 것이다. 처음엔 월 10만 원이어도 좋다. 그것이 100만 원이 되고, 1,000만 원이 된다.

둘째, 시장에서 통하는 실력이다. 회사 내에서만 통하는 실력은 위험하다. 회사를 나가면 쓸모 없어진다. 진짜 실력은 어디서든 통하는 것이다. 프로그래밍, 디자인, 마케팅, 영업. 이런 스킬은 회사가 망해도, 산업이 바뀌어도 살아남는다. 온라인 강의를 들어라. 자격증을 따라. 프로젝트를 시도해라. 포트폴리오를 만들어라. 회사에서 배운 것을 밖에서도 쓸 수 있게 만들어라.

셋째, 자산이 일하게 하는 것이다. 시간을 팔아 돈을 버는 것에는 한계가 있다. 하루는 24시간뿐이다. 부자들의 비밀은? 자산이 일한다. 부동산은 월세를 낳고, 주식은 가치를 갖거나 배당을 주고, 사업은 시스템이 돌아간다. 자는 동안에도 돈이 들어온다. 작게라도 시작하라. 월 10만 원이라도 투자하라. 적금, 펀드, ETF, 뭐든 좋다. 중요한 것은 자산을 쌓기 시작하는 것이다. 복리의 마법은 시간이 지날수록 커진다.

넷째, 네트워크가 곧 안전망이다. 혼자서는 한계가 있다. 위기가 왔을 때 도와줄 사람이 있는가? 기회가 왔을 때 함께할 사람이 있는가? 네트워크를 만들어라. 동종업계 사람들, 다른 분야 전문가들, 선후배들. 정기적으로 만나고, 정보를 공유하고, 서로 돕는다. 이것이 진짜 안전망이다.

오해하지 마라, 회사 생활이 무조건 나쁘다는 게 아니다. 회사 생활에도 분명 장점이 있다. 정기적인 수입, 사회적 지위, 복지 혜택, 배울 기회, 낮은 리스크. 그래서 나는 무조건 "회사를 당장 때려치워라"고 하지 않는다. 하지만 이것만은 명심하라. 회사가 주는 안정은 '조건부 안정'이다. 회사가 잘 나가는 동안만, 당신이 필요한 동안만 유효하다. 불편한 진실을 인정해야 한다. 당신이 믿는 '안정적인 직장'은 환상이다. 기업 수명은 짧아지고, 희망퇴직 연령은 낮아지고, 월급으로는 집 한 채도 못 산다. AI가 일자리를 대체하고, 산업 구조는 급변한다. 이게 2025년의 현실이다.

하지만 절망하지 마라. 위기는 기회다. 변화를 인정하고 준비하는 사람에게는 더 많은 기회가 온다. 새로운 산업이 생기고, 새로운 직업이 만들어지며, 새로운 부의 기회가 열린다. 중요한 것은 현실을 직시하는 것이다. 환상에 빠져 있으면 준비할 수 없다. 불편한 진실을 인정해야 대비할 수 있다. 나는 이걸 늦게 깨달았다.

공무원이 철밥통인 줄 알고 5년을 보냈다. 유튜브를 하다 걸려 여수로 쫓겨나고 나서야 비로소 현실을 직시하게 됐다. 그러나 당신은 지금 깨달았으니 그것만으로도 충분히 앞서 있다.

자, 이제 안정의 환상에서 깨어났다. 그렇다면 어떻게 살아야 하고 어떤 마인드를 가져야 할까? 다음 챕터에서 이야기하겠다.

chapter 2

'돈'을 바라보는 관점을 바꿔라

솔직히 고백하자면 나는 돈을 모으기에만 바빴다. 월급 170만 원에서 50만 원은 무조건 적금, 점심은 편의점 김밥, 저녁은 봉지라면을 먹었고 구멍 난 양말도 꿰매서 신었다. 주말엔 밖에 나가면 돈이 드니까 집에만 있었으며, 친구들의 약속도 다 거절했다. 회식 2차도 늘 빠졌다. 그렇게 모은 돈은 전부 정기예금, 정기적금 같이 가장 안전한 곳에만 넣었다.

"주식 해볼래?"

"아니, 난 안전하게."

"펀드는 어때?"

"손실 볼 수 있잖아."

5년 동안 그렇게 악착같이 2,000만 원을 모았지만 그 사이 내가 사려던 집값은 5,000만 원이나 올랐다. 지금 돌이켜보면 나는 가장 중요한 걸 놓치고 있었다. 바로, 돈을 '안 쓰려고만' 했다는 것이다. 돈을 '어떻게 써서 늘릴지'는 생각하지 않았고, 돈이 '일할 수 있다'는 건 상상조차 못했다. 당시에는 이 사실이 내가 아는 돈의 전부였다. 모으고, 아끼고, 안전하게 지키는 것. 돈이 돈을 벌 수 있다는 건, 사업을 시작하고 나서야 알았다.

부자는 플렉스할 줄 알았다

TV를 보면 부자는 늘 화려했다. 슈퍼카를 몰고, 온몸을 명품으로 두르고, 호텔에서 파티를 하며, 돈을 물 쓰듯 쓴다.

"나도 돈 많이 벌면 저렇게 살 거야."

그게 내가 꿈꾸는 부자의 모습이었다. 아니, 그게 부자인 줄 알았다. 인스타그램을 봐도 그랬다. 플렉스 문화, 돈 자랑, 명품 자랑 등 그게 부자의 증명인 것처럼 느껴졌다. '#오늘OOTD #에르메스백 #플렉스 #부자스타그램' 이런 해시태그를 보며 나도 언젠가는 저렇게 살 거라고 다짐했다. 샤넬 백을 들고, 루이비통 지갑을 쓰고, 구찌 신발을 신으며 말이다. 그게 성공의 증표라고 믿었다. 그래서 더 열심히 일했다. 언젠가 나도 저렇게 돈을 막 쓸 수 있는 날이 오기를 바랐기 때문이다. 공무원 월급으로는 턱도 없다는 걸 알면서도, 꿈은 컸다. '사업해서 대박 나면 가능하겠지.'라는 생각만 하고 살았다. 하지만 사업을 시작하고, 실제 부자들을 만나면서 충격을 받았다. 그들은 내가 상상했던 모습과 180도 달랐다.

부자가 나보다 더 아낀다

사업을 시작하고 얼마 되지 않았을 때, 나는 운 좋게 월 매출 10억 원을 하는 K회사 대표님을 만날 기회가 생겼다. 수원의 한 사무실. K사장님의 사무실을 처음 방문했다. 문을 열고 들어가니 책상 위에 짜장면 그릇이 놓여 있었다. 방금 점심을 드신 듯했다.

"아, 식사 중이셨군요. 제가 너무 일찍 왔나요?"

"아니에요, 다 먹었어요. 여기 동네 중국집 짜장면이 5천 원인데 맛있어요."

월 매출 10억 원인 사람이 5천 원짜리 짜장면을 먹는다는 사실에 놀랐다. 벽에는 배달 전단지가 여러 장 붙어있었다. 김밥천국, 중국집, 분식집... 모두 동네 저렴한 식당들이었다.

"사장님, 매일 배달 드세요?"

"거의요. 밖에 나가면 시간도 걸리고 비싸잖아요. 여기서 시키면 30분은 더 일할 수 있어요."

책상 서랍을 열자 쿠폰 뭉치가 보였다.

"이게 다 뭐예요?"

"배달 쿠폰이요. 10번 시키면 한 번 무료거든요. 작년에 이걸로만 20만 원은 아꼈어요."

월 매출 10억 원이나 되는 사람이 배달 쿠폰을 모은다는 사실이 충격이었다.

"사장님, 차는 뭐 타고 다니세요?"

"아반떼요. 중고로 샀어요."

"네? 월 매출 10억 원인데 아반떼요?"

"차는 이동수단일 뿐이에요. 그 돈으로 재고 사는 게 낫죠."

나중에 만난 연 매출 100억 원 P대표님의 사무실도 충격이었다. 강남의 번듯한 사무실을 예상했는데, 판교의 작은 공유오피스였다.

"대표님, 여기가 사무실이세요?"

"네, 직원들은 다 재택이고 저만 여기 나와요. 사무실 임대료가 얼마인데요."

그의 책상 위에는 텀블러와 믹스커피가 놓여있었다.

"커피숍 안 가세요?"

"텀블러 들고 가면 할인해주는 데만 가요. 보통은 여기서 믹스커피 마시고요."

심지어 그의 컴퓨터 즐겨찾기는 가격비교 사이트들로 가득했다.

"대표님도 최저가 검색하세요?"

"당연하죠. 같은 물건인데 왜 비싸게 사요? 어제도 마우스 하나 사는데 3천 원 아꼈어요."

"3천 원이요?"

"3천 원이면 샘플 하나 더 테스트할 수 있어요. 티끌 모아 태산이죠."

오히려 나보다 더 꼼꼼했고 나보다 더 철저했다. 플렉스? 그런 건 없었다. 아니, 정확히 말하면 그들의 플렉스는 따로 있었다.

부자들은 지출 원칙이 달랐다

일반인의 지출 과정은 단순하다.

> 갖고 싶다 → 산다 → 끝

나도 그랬다. 새 신발이 갖고 싶으면 샀다. 맛있는 걸 먹고 싶으면 먹었다. 그게 다였다. 하지만 부자들은 달랐다.

> 갖고 싶다 → 잠깐, 이 돈이 더 큰 돈이 될 수 있나? → 판단 → 결정

K사장님은 나에게 이 원칙을 설명해주셨다.

"지영 씨, 지금 수중에 10만 원이 있다고 쳐요. 이걸로 옷을 살 수도 있고, 재고를 살 수도 있죠. 옷을 사면? 입고 끝이에요. 재고를 사면? 15만 원이 되어 돌아와요. 뭘 선택하시겠어요?"

"당연히 재고를…"

"맞아요. 근데 대부분 사람들은 옷을 사요. 왜? 당장 갖고 싶으니까. 그래서 부자가 못 되는 거예요."

그는 노트를 꺼내 그림을 그리기 시작했다.

"보세요. 일반인의 돈 흐름은 이래요."

> [월급] → [소비] → [끝]

"부자의 돈 흐름은 이래요."

> [수입] → [투자] → [더 큰 수입] → [일부 소비] → [나머지 재투자]

"차이가 보이시죠?"

커피 한 잔도 마찬가지였다.

"이 5천 원으로 커피를 마실 수도 있고, 페이스북 광고를 돌릴 수도 있어요. 커피는 마시면 끝이지만 광고는 고객을 데려올 수 있죠. 전 광고를 선택해요."

그래서 그들은 커피도 회사에서 믹스커피를 마셨다. 하루 5천 원을 아끼서 월 15만 원을 모았다. 그 돈으로 광고를 돌리면 신규 고객은 30명이 된다. 고객 한 명당 평생 가치가 10만 원이라면, 월 15만 원으로 300만 원을 버는 것이다.

돈이 돈을 버는 구조 만들기

부자들이 가장 많이 하는 말이 있었다.

"돈이 일하게 해야죠."

처음엔 무슨 말인지 몰랐다. 돈이 어떻게 일을 하지? 그때 P라는 대표님이 나에게 쉽게 설명을 해주셨다.

"지영 씨가 100만 원을 저축하면 1년 후에 얼마예요?"

"102만 원이요. 이자 2%니까."

"맞아요. 2만 원 벌었네요. 그런데 그 100만 원으로 상품을 사서 팔면요?"

"150만 원 정도 될 것 같은데요."

"그 150만 원으로 또 상품을 사면요?"

"225만 원이요."

"이게 돈이 일하는 거예요. 처음 100만 원이 125만 원을 벌어온 거죠."

그는 계속 설명했다.

"돈을 직원이라고 생각해보세요. 은행에 넣어둔 돈은 게으른 직원이에요. 1년 일해서 2만 원 버는 직원을 데리고 있겠어요?"

"아니요…"

"사업에 투자한 돈은 유능한 직원이에요. 한 달에 50만 원씩 벌어다 주는 직원. 이런 직원은 몇 명이든 데리고 있고 싶겠죠?"

복리의 마법. 학교에서 배웠지만 실감한 건 처음이었다. 부자들은 이걸 몸으로 알고 있었다. 1만 원도 그냥 1만 원이 아니었다. 미래의 10만 원이었다. 그래서 나도 모든 돈이 일할 수 있도록 아끼기 시작했고 쓸데없는 곳에 쓰지 않았다. 직원을 고용하듯, 돈을 고용하는 사람들. 그게 부자였다.

소비와 투자를 구분하는 눈

부자들에게는 지출이 두 가지뿐이었다.

소비	투자
쓰는 순간 가치가 사라지는 것	미래에 더 큰 가치를 만드는 것
• 비싼 옷 (유행 지나면 끝)	• 교육 (실력이 남음)
• 외식 (먹으면 끝)	• 시스템 (계속 돌아감)
• 유흥 (즐기면 끝)	• 재고 (팔면 이익)
• 최신 전자기기 (쓰다가 버림)	• 마케팅 (고객이 옴)
• 명품 (과시하면 끝)	• 건강 (평생 써먹음)
	• 네트워크 (기회가 옴)

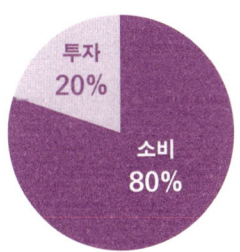

일반인의 지출 비율
투자 20%
소비 80%

부자의 지출 비율
소비 20%
투자 80%

K사장님의 한 달 지출 내역을 보고 놀랐다. 생활비 100만 원. 나머지는 전부 사업에 재투자.

"사장님, 좀 즐기면서 사셔도 되는데…"

"지금 즐기면 나중에 못 즐겨요. 지금 투자하면 나중에 더 크게 즐길 수 있죠."

그가 보여준 5년 전 사진은 그가 원룸에서 라면 먹는 모습이었다.

"이때 월 매출이 1,000만 원이었어요. 다 재투자했죠. 지금은 월 10억 원이에요. 그때 번만큼 다 썼다면 지금은 망했겠죠."

그 '나중'이 얼마나 빨리 오는지, 나는 곧 알게 되었다.

내가 실천한 '돈이 일하게 하기'

나도 그 대표님을 따라 해봤다. 처음엔 월 10만 원부터 작게 시작했다. 외식비 10만 원을 아껴 그 돈으로 중국 1688에서 샘플을 구매했다. 휴대폰 거치대 10종, 개당 1,000원. 총 10만 원 투자. 떨리는 마음으로 쿠팡, 스마트스토어 등에 상품을 개당 5,000원에 등록했다. 하지만 일주일 동안 하나도 안 팔렸다. '역시 안 되나…' 싶었다. 그런데 10일째 새벽 2시, 첫 주문이 들어왔다. 나는 자고 있었는데 돈이 들어온 것이다.

한 달 뒤 30개 판매, 15만 원의 매출, 12만 원의 순익이 발생했다. 10만 원이 22만 원이 된 것이다. 수익률은 무려 120%였다. 다음 달, 20만 원을 투자했다. 이번엔 경쟁이 적고 수요가 있는 제품으로 키워드 분석을 했다. 그렇게 차량용 방향제를 고르고 팔았다. 그리고 그 차량용 방향제는 한 달 만에 50만 원 매출, 30만 원의 순익을 가져왔다.

세 번째 달, 나는 큰 결심을 했다. 예전의 나라면 명품 가방을 샀을 돈 200만 원. 그 대신 중국 광저우 소싱 출장을 갔다. 비행기 값 40만 원, 숙박비 30만 원, 식비 및 교통비 30만 원, 샘플 구매 100만 원. 친구들은 미쳤다고 했다.

"그 돈이면 샤넬 가방 살 수 있는데?"

"응, 근데 샤넬 가방이 돈을 벌어다 줘?"

광저우 시장은 충격 그 자체였다. 한국에서 3만 원에 팔리는 제품이 3,000원. 10배 차이였다. 3박 4일 동안 발이 부르트도록 돌아다녔다. 100개가 넘는 공장을 방문했다. 그리고 찾았다. 원가 3,000원, 예상 판매가 20,000원인 생활용품. 200만 원 투자로 찾은 이 아이템이 월 500만 원을 벌어다 줬다. 그 다음부터는 가속도가 붙었다. 외식비도 바꿨다. 월 30만 원 쓰던 외식비. 전부 온라인 광고비로 전환. 처음엔 라면만 먹으며 버텼다. 친구들과의 약속도 다 취소했다.

"너 왜 그렇게 사니?"

"지금은 투자할 때야."

광고 효과가 나타나기 시작했다. 월 30만 원이 월 300만 원 매출로 돌아왔다. ROI(투자수익률) 1,000%. 외식하면 0%. 무엇을 선택해야 할까? 옷 살 돈도 바꿨다. 시즌마다 사던 옷값 50만 원. 재고 확보에 사용. 촌스러워도 참았다. 2년째 같은 옷만 입었다. 그 재고가 팔리면서 50만 원이 150만 원이 됐다.

돈이 일을 시작했다. 내가 자는 동안에도, 밥 먹는 동안에도.

부자의 역설: 아끼면서 크게 쓴다

부자들의 이중성이 재밌었다. 일상생활비는 극도로 아낀다.

- 밥은 구내식당 (3,500원)
- 커피는 믹스커피 (200원)
- 옷은 몇 년째 같은 것
- 차는 국산 중고차
- 핸드폰은 3년째 같은 것

하지만 기회가 오면 눈 하나 깜짝 안 한다.

- 수천만 원 시스템 투자
- 억 원대 재고 확보
- 직원 교육에 아낌없이
- 새로운 시장 개척에 과감히
- 비즈니스 인맥에는 아낌없이

P대표님이 말했다.

"1원을 아껴야 1억 원을 벌 수 있어요."

"그게 무슨 말이에요?"

"생활비 1원을 아끼면 투자할 돈이 1원 늘어나죠. 그 1원이 10원, 100원, 1만 원... 결국 1억 원이 되는 거예요."

실제로 그는 일상에서는 극도로 아꼈지만, 작년에 새로운 물류 시스템 구축에 5억 원을 투자했다.

"5억 원이면 람보르기니 살 수 있는데요?"

"람보르기니가 돈을 벌어주나요? 이 시스템은 매년 10억 원씩 아껴줄 거예요."

작은 돈을 함부로 쓰지 않는 이유가 있었다. 그 작은 돈들이 모여 큰 기회를 잡을 수 있기 때문. 그들에게 돈은 미래였고, 가능성이었다. 단순한 종이가 아니었다.

돈의 주인이 되는 과정

사업을 시작하고 얼마 되지 않아 깨달았다. 나는 더 이상 돈의 노예가 아니었다. 월 매출이 얼마인지, 순익이 얼마인지는 중요하지 않았다. 중요한 긴 내가 돈을 바라보는 관점이 완전히 바뀌었다는 것이다.

과거		현재	
돈	써야 하는 것 · 모아야 하는 것	돈	일하게 해야 하는 것
아끼기	안 쓰기	아끼기	가치 있게 쓰기
투자	위험	투자	기회
실패	손실	실패	수업료

이제 나는 모든 지출 앞에서 질문한다. "이것이 소비인가, 투자인가?", "이 돈이 더 큰 돈이 되어 돌아올까?", "지금의 만족과 미래의 가치 중 무엇을 선택할까?" 돈의 노예는 돈에 끌려다닌다. 돈의 주인은 돈을 이끌고 간다. 나는 이제 후자가 되었다.

당신의 돈도 일할 수 있다

지금 당신 지갑에 있는 만 원. 그냥 만 원인가? 아니다. 그 만 원으로 치킨을 시켜 먹을 수 있다. 먹을 땐 기쁘다. 하지만 그게 끝이다. 하지만 다른 선택도 있다.

만 원으로:

- 중국 구매대행 샘플을 살 수 있다
- 온라인 강의를 들을 수 있다
- 테스트 마케팅을 할 수 있다
- 책 한 권을 살 수 있다

잘 선택하면 만 원이 5만 원이 될 수도 있고, 그 5만 원이 25만 원이 될 수도 있다. 선택은 당신의 몫이다. 대부분은 치킨을 선택한다. 당장 만족하니까. 그게 편하니까. 그러나 부자는 가능성을 선택한다. 미래를 보니까. 성장을 보니까. 이 차이가 3년 후, 5년 후 엄청난 격차를 만든다.

5년 전 나의 월급은 170만 원이었다. 그런 나에게 돈은 그냥 소비하는 것이었다. 하지만 연매출 100억 원이 된 지금, 돈은 나의 직원이다. 달라진 건 하나 뿐이다. 돈을 바라보는 관점. 당신도 바꿀 수 있다. 지금부터라도 돈을 적이 아닌 동료로, 나의 주인이 아닌, 나의 일꾼으로 말이다. 그럼 돈이 당신을 위해 24시간, 365일 쉬지 않고 일하기 시작할 것이다.

시작하는 법

"좋은 건 알겠는데, 어떻게 시작하죠?"

간단하다.

1단계 한 달 지출 내역 적어보기	모든 지출을 기록한다
	소비와 투자로 구분한다
	비율을 확인한다
2단계 전환 가능한 소비 찾기	줄일 수 있는 소비는?
	투자로 바꿀 수 있는 것은?
	작은 것부터 시작한다

3단계 **실행하고 기록하기**	월 10만 원부터 시작
	결과를 측정한다
	성공하면 늘린다
	실패하면 배운다

기억하라. 부자는 한 번에 되는 게 아니다. 매일의 선택이 쌓여서 만들어진다. 오늘 당신의 만 원. 치킨으로 만들 건가, 기회로 만들 건가?

선택은 당신의 것이다. 물론, 내가 만난 사업가들만 이런 것일 수도 있다. 상속받은 부자들, 부동산으로 성공한 부자들은 또 다를 수 있다. 세상에는 돈을 정말 흥청망청 쓰는 부자들도 있을 거다. 하지만 적어도 내가 만난, 맨손으로 시작해서 성공한 부자들은 그랬다. 그리고 그들의 방식이 나를 바꿨다.

당신도 바뀔 수 있다. 지금, 이 순간부터 말이다.

chapter 3

시간을 파는 사람
vs 가치를 파는 사람

여수 세관 사무실의 벽시계가 오후 3시를 가리키고 있었다. 창밖으로는 여수 앞바다가 보였고, 파도는 쉬지 않고 밀려왔다, 밀려갔다. 2021년 봄의 어느 평범한 화요일 오후, 나는 서류 더미 사이에서 계산기를 두드리고 있었다.

월급 170만 원 ÷ 월 근무시간 209시간 = 시간당 8,612원.

숫자를 들여다보며 묘한 기분이 들었다. 이게 대한민국 정부가 매긴 내 시간의 가격이었다. 9급 공무원 5년 차, 나는 시간당 8,612원에 내 인생을 팔고 있었다. 계산기를 내려놓고 창밖을 바라봤다.

여수 바다는 여전히 거기 있었고, 파도는 계속 밀려왔다. 마치 매일 반복되는 출퇴근처럼, 끝없이 이어지는 내 일상처럼. 그날 저녁, 관사로 돌아와 일기장을 펼쳤다. '시간을 판다'는 게 무엇인지 처음으로 진지하게 생각해봤다.

시간을 파는 사람의 숙명

매일 아침 8시 30분에 출근 도장을 찍었고, 저녁 6시에 퇴근 도장을 찍었다. 그 사이의 내 시간은 온전히 대한민국 관세청의 것이었다. 한 달이면 209시간. 1년이면 2,508시간. 나는 그 시간을 170만 원에 팔고 있었다. 문제는 이게 전부라는 것이었다. 아프면? 수입이 없다. 휴가를 가면? 연차가 차감된다. 은퇴하면? 모든 것이 끝난다. 시간을 파는 사람의 숙명은 잔인했다. 내가 그 자리에 있어야만 돈을 벌 수 있었다. 내 몸이 곧 수입원이었고, 내 시간이 곧 상품이었다. 하루는 24시간뿐이고, 인생은 유한하다. 팔 수 있는 시간에는 한계가 있었다. 더 절망적인 건, 나는 특별히 비싸게 시간을 팔 수 있는 사람도 아니었다는 것이다. 의사처럼 한 시간에 수십만 원을 받을 수 있는 전문직도 아니었고, 변호사처럼 상담 한 번에 거액을 청구할 수 있는 자격증도 없었다. 연예인처럼 방송 한 번에 수천만 원을 받을 수 있는 인기도, 운동선수처럼 경기 한 번에 억 원대 연봉을 정당화할 수 있는 실력도 없었다.

평범한 지방대 출신, 9급 공무원. 시급 8,612원. 이게 내 현실이었다.

시간을 팔아서 부자가 된 사람들

물론 시간을 팔아서도 부자가 될 수 있다. 단, 남들보다 압도적으로 비싸게 팔 수 있다면 말이다. 손흥민은 주급이 약 4억 원이다. 일주일에 4억 원. 90분 경기 한 번에 수억 원을 번다. 시간당 가치로 따지면 일반인의 수만 배다. 대형 로펌의 시니어 파트너 변호사는 상담 시간당 50만 원이 기본이다. 하루 8시간 상담하면 400만 원. 한 달이면 8,000만 원이다. 유명 의사의 수술비는 한 번에 수천만 원을 넘기도 한다. 3시간 수술로 일반인의 1년치 연봉을 버는 셈이다. 이들의 공통점은 무엇일까?

첫째, 남들이 할 수 없는 일을 한다. 희소성이 있다. 둘째, 대체 불가능하다. 그 사람이 아니면 안 된다. 셋째, 수요가 많다. 그들의 시간을 사고 싶어하는 사람이 줄을 선다. 하지만 여기에도 한계는 분명하다.

시간 판매의 네 가지 한계

첫째, 하루는 여전히 24시간이다. 손흥민도 하루에 48시간 될 수는 없다. 최고의 의사도 하루에 수술할 수 있는 횟수는 제한적이다. 아무리 시간을 비싸게 팔아도, 팔 수 있는 시간 자체가 한정되어 있다.

둘째, 몸이 자본이다. 축구선수가 부상을 당하면? 수입이 0이 된다. 의사가 손을 다치면? 수술을 할 수 없다. 변호사가 번아웃에 빠지면? 일을 할 수 없다. 시간을 파는 사람은 건강이 곧 수입이다. 몸이 망가지면 모든 것이 끝난다.

셋째, 은퇴가 있다. 축구선수는 30대 중반이면 은퇴한다. 아무리 잘 벌어도 10년 남짓이다. 의사나 변호사도 70세가 넘으면 현역에서 물러난다. 시간을 파는 한, 언젠가는 팔 시간이 없어진다.

넷째, 자유가 없다. 아무리 돈을 많이 벌어도 시간에 묶여 있다. 수술 스케줄, 재판 일정, 훈련 시간... 모든 것이 정해져 있다. 돈은 있어도 쓸 시간이 없다. 시간의 노예가 되는 아이러니다.

다른 세계의 사람들

나는 온라인 셀러 커뮤니티에서 완전히 다른 방식으로 사는 사람들을 만났다. 그중에서도 J대표와의 만남은 충격적이었다. 평범한 외모의 30대 남자였는데, 그가 하는 이야기는 전혀 평범하지 않았다.

"작년 매출이 150억 원이었어요."

순간 숨이 막혔다. 150억 원이라니. 공무원 시절 월급만 바라보던 내게는 상상조차 하기 힘든 숫자였다.

"하루에 몇 시간이나 일하세요?"

"요즘은 2~3시간? 재고 상황 점검하고, 시스템 업데이트하는 정도죠."

나는 도무지 이해가 되지 않았다. 하루 3시간 일하고 연 150억 원이라니. 비밀이 뭘까 싶어 물었다.

"비결이 뭐예요?"

J대표는 미소를 지으며 노트북을 열었다. 그 안에는 수십 개의 상품 판매 현황이 실시간으로 올라오고 있었다.

"제품 판매 구조를 만들어놨어요. 200개 넘는 상품이 자동으로 돌고 있죠. 주문이 들어오면 물류센터에서 바로 출고되고, 광고도 자동 최적화돼요."

그래프는 밤낮없이 올라가고 있었다. 새벽 3시에도, 주말에도, 심지어 그가 해외여행 중일 때도 제품은 계속 팔리고 있었다.

"제가 아프든, 비행기를 타든, 상품은 계속 나가요. 100명이 사든, 10만 명이 사든 제 추가 노력은 거의 없어요."

그 순간 깨달았다. J는 단순히 물건을 파는 게 아니라, 내가 없어도 돌아가는 구조를 만든 사람이었다. 노동을 파는 게 아니라, 가치를 팔고 있었다. 그리고 또 다른 한 사람. H대표. 그는 또 다른 세계를 보여주었다.

"직년 매출이 200억 원이었어요."

H대표의 방식은 달랐다. 그는 인스타그램 인플루언서였다. 화려한 이미지나 특별한 배경이 있는 것도 아니었다. 하지만 팔로워 수십만 명이 그의 일상과 제품 추천을 신뢰하고 있었다.

"저는 공구(공동구매)를 해요. 직접 써보고 괜찮다 싶은 제품을 팔로워들과 나누는 거죠."

그는 스마트폰을 열어 메시지를 보여주었다.

"언니가 추천한 제품 믿고 샀는데 너무 좋아요.", "다음 공구는 언제 열어요?"

사람들의 댓글과 메시지는 끊임없이 올라오고 있었다. 하루 아침에 이뤄진 건 아니었다. H대표는 매일매일 콘텐츠를 올리고, 팔로워와 소통하며 신뢰를 쌓아갔다. 그 신뢰가 쌓이자, 그가 추천하는 제품은 '설득'이 필요 없었다. 공구가 열리면 몇 분 만에 수천 개가 팔렸다. 그가 직접 포장하거나 배송하는 것도 아니었다. 뒤에는 시스템이 있었다. 물류팀이 움직이고, 자동화된 구조가 전체를 받쳐주고 있었다. 나는 그 두 사람을 보며, 완전히 다른 길 같지만 사실은 같은 본질을 깨달았다.

- J대표는 데이터와 시스템을 통해 구조를 만들었다.
- H대표는 콘텐츠와 신뢰를 통해 구조를 만들었다.

겉으로는 다른 방식이지만, 공통점은 분명했다. 둘 다 '내 노동 시간'이 아니라 내가 없어도 굴러가는 구조를 세운 사람들이라는 것. 그들의 매출 규모 자체보다 더 놀라운 건, 그 숫자를 만들어내는 방식이었다. 시간을 돈으로 바꾸는 게 아니라, 구조와 신뢰를 돈으로 바꾸는 것.

그것이야말로 내가 바라봐야 할 진짜 방향이라는 걸, 두 사람은 몸소 보여주고 있었다.

시간 판매 vs 가치 판매

그날 이후 나는 두 가지 삶의 방식에 대해 깊이 생각하게 됐다.

시간을 파는 사람의 특징	일한 시간에 비례해서 돈을 번다
	본인이 직접 일해야만 수입이 발생한다
	시간당 임금, 월급, 일당으로 계산된다
	일하지 않으면 수입이 없다
	수입의 상한선이 명확하다
가치를 파는 사람의 특징	만든 가치에 비례해서 돈을 번다
	본인이 직접 일하지 않아도 수입이 발생한다
	판매량, 사용자 수, 시스템 효율로 계산된다
	한 번 만든 가치가 계속 돈을 번다
	수입의 상한선이 없다

핵심은 '레버리지'였다. J대표의 예를 다시 보자. 그가 강의 하나를 만드는 데 100시간을 투자했다고 치자. 이 강의를 10,000명이 구매하면? 10,000명×100시간 = 1,000,000시간의 가치를 창출한 것이다. 100시간 투자로 1,000,000시간의 가치. 10,000배의 레버리지다. 반면 시간을 파는 사람은? 1시간 일하면 1시간의 가치다. 레버리지가 없다. 두 가지 방식 모두 장단점이 있다.

시간을 파는 것의 장점	안정적이다. 일한 만큼 확실히 받는다
	예측 가능하다. 월급날이 정해져 있다
	리스크가 적다. 실패해도 월급은 나온다
	즉시 현금화된다. 일하면 바로 돈이 된다
	단순하다. 복잡한 시스템이 필요 없다
시간을 파는 것의 단점	한계가 명확하다. 하루 24시간이 최대다
	시간과 장소에 한계가 있다
	확장이 불가능하다. 혼자서는 한계가 있다
	건강이 자산이다. 아프면 수입이 없다
	은퇴가 있다. 나이가 들면 가치가 떨어진다
가치를 파는 것의 장점	한계가 없다. 무한 확장이 가능하다
	자유롭다. 시간과 장소에 구애받지 않는다
	레버리지가 있다. 한 번의 노력이 계속 수익을 만든다
	복제 가능하다. 한 번 만들면 무한 판매가 가능하다
	은퇴가 없다. 시스템이 계속 일한다
가치를 파는 것의 단점	불확실하다. 만들어도 안 팔릴 수 있다
	시간이 걸린다. 초기에는 수입이 없을 수 있다
	복잡하다. 시스템 구축이 필요하다
	경쟁이 치열하다. 차별화가 필요하다
	지속적인 개선이 필요하다. 한 번 만들고 끝이 아니다

두 가지 길의 선택

나는 세상에 두 가지 길이 있다는 것을 확실히 알게 됐다. 하나는 시간을 파는 길이다. 전문성을 키워서 시간당 단가를 높이는 것이다. 의사, 변호사, 컨설턴트처럼 고도의 전문성으로 승부하는 길이다. 다른 하나는 가치를 만드는 길이다. 시스템을 구축하고, 자동화하고, 확장하는 것이다. 사업가, 투자자, 창작자처럼 레버리지로 승부하는 길이다. 둘 다 부자가 되는 길이다. 단지 방법이 다를 뿐이다. 어떤 길을 선택할 것인가는 각자의 상황과 성향에 달려 있다. 안정을 추구한다면 시간을 파는 것도 나쁘지 않다. 자유를 원한다면 가치를 만드는 길을 가야 한다. 중요한 것은 선택하는 것이다. 그리고 그 선택의 결과를 받아들이는 것이다.

나의 전환

나는 가치를 만드는 길을 선택했다. 처음엔 정말 작았다. 닭털 뽑는 기계, 알루미늄 비계 같은 생소한 물건들을 파는 구매대행으로 시작했다. 그런데 지금은? 연 매출 100억 원의 사업으로 성장했다. 재밌는 건, 이제 내가 거의 손을 안 댄다는 거다. 직원들이 대부분의 운영을 맡고, 나는 큰 그림을 그리고 중요한 결정만 내린다. 이 시스템의 진가는 내가 병원에 입원했을 때 나타났다. 일주일 동안 아무것도 못했는데 매출은 그대로였다. 아니, 오히려 조금 올랐다. '아, 이게 진짜 시스템이구나' 싶었다.

또 다른 형태의 가치

내가 처음 유튜브를 시작했을 때 채널 이름은 '월천버는디노'였다. 처음에는 단순히 기록을 남기고 싶었다. 퇴사 후, 부업에서 월천을 달성했던 과정을 솔직히 나누면 누군가는 참고가 될 거라 생각했다. 거창한 계획은 없었다. 그저 하루하루 배운 걸 정리하는 메모장 같은 공간이었다. 그런데 영상을 올리다 보니 생각보다 반응이 있었다.

"저도 월급보다 더 벌어보고 싶어요."

"공무원인데, 저랑 상황이 비슷하네요."

낯선 사람들이 내 얘기에 공감하고, 나와 같은 고민을 하고 있다는 걸 알게 됐다. 혼자라고 생각했는데, 아니었다. 영상이 조금씩 퍼지면서 채널 이름이 나를 규정하기 시작했다. 사람들은 나를 '월천버는 사람'으로 기억했다.

그때까지만 해도 그게 싫지 않았다. 내가 걸어온 길의 성과를 보여주는 단어였으니까. 하지만 시간이 지나면서, 내 안에서는 또 다른 갈증이 생겼다. 월천을 넘어, 억 단위를 벌기 시작했을 때였다. '이건 단순히 돈 얘기가 아니구나. 내가 어디서든 일할 수 있는 방식, 내가 원하는 대로 시간을 쓰는 삶 자체가 핵심이구나.' 그래서 채널 이름을 바꿨다. '디노더노마드'.

디지털 노마드, 그리고 내 닉네임 디노. 돈을 넘어서, 삶의 방식으로 확장하고 싶었다. 유튜브는 그렇게 또 다른 문을 열어줬다. 영상을 본 사람들이 강의를 찾아오기 시작했다.

"직접 배워보고 싶어요."

"영상으로만은 부족해서 강의를 듣고 싶어요."

처음엔 작은 모임처럼 시작했지만, 점점 수강생이 늘었다. 내 경험과 지식이 커리큘럼이 되어 수백 명을 가르칠 수 있었다. 한

번 만든 내용이 여러 번 쓰이고, 누군가에게 도움이 된다는 건 큰 보람이었다. 가장 놀라운 건, 내 이름 '디노더노마드' 자체가 하나의 브랜드처럼 자리 잡기 시작했다는 점이다. 강의를 들은 수강생들이 다시 유튜브로 오고, 유튜브를 본 사람들이 강의로 찾아왔다. 그리고 전혀 예상하지 못한 제안들도 들어왔다.

"디노님 이름으로 이런 제품 해보실래요?"

"콜라보 한번 해보시죠."

처음에는 작은 기회라고 생각했는데, 쌓이고 쌓이자 또 다른 사업이 되어 있었다. 무엇보다 크게 달라진 건 내 시간이었다. 예전에는 9 to 6, 정해진 시간에 정해진 자리에 묶여 있었다. 지금은 내가 일하는 시간을 내가 정한다. 새벽에 일하고 싶으면 새벽에, 오후에 쉬고 싶으면 오후에. 시간을 팔 때는 내 시간이 상품이었다. 이제는 가치를 만들었기에, 내 시간은 자유가 됐다.

결국 내가 유튜브를 시작하면서 얻은 건 '구독자 수' 같은 외적인 지표가 아니었다. 나를 찾는 사람들이 생겼고, 내 경험을 필요로 하는 사람들이 있었다는 사실. 그리고 그 흐름이 강의로, 브랜드로 이어졌다는 사실. 그건 우연이 아니었다. 내가 걸어온 길을 솔직히 나눴기 때문에, 자연스럽게 만들어진 결과였다.

시간 자유의 진짜 의미

2025년 현재, 나는 시간의 주인이 됐다. 하지만 이게 '놀고 먹는다'는 뜻은 아니다. 오히려 더 바쁠 때도 있다. 차이는 이거다. 예전엔 시간을 팔기 위해 바빴다면, 지금은 가치를 만들기 위해 바쁘다. 의무가 아닌 선택으로 바쁘다. 오늘은 새로운 사업 아이디어가 떠올라 10시간을 일할 수도 있고, 내일은 가족과 시간을 보내기 위해 하루 종일 쉴 수도 있다. 이게 진짜 자유다. 시간을 팔 때는 자유가 없었다. 가치를 만드니 선택할 수 있게 됐다.

당신에게 전하는 메시지

이 글을 읽는 당신도 선택할 수 있다. 계속 시간을 팔 것인가? 아니면 가치를 만들 것인가? 만약 당신이 특별한 재능이 있다면, 전문성이 있다면, 시간을 비싸게 파는 것도 좋은 선택이다. 최고의 전문가가 되어 시간당 가치를 극대화하라. 하지만 나처럼 평범하다면? 특별한 재능도, 자격증도, 스펙도 없다면? 가치를 만드는 길을 가라. 시스템을 구축하고, 자동화하고, 레버리지를 활용하라. 처음엔 어렵다. 불확실하다. 실패할 수도 있다. 하지만 한 번 궤도에 오르면, 시간의 자유를 얻을 수 있다. 부자가 되는 길은 하나가 아니다. 당신에게 맞는 길을 찾아라.

하지만 기억하라. 시간을 파는 한, 당신은 영원히 시간의 노예다. 가치를 만들 때, 비로소 시간의 주인이 된다. 나는 평범한 공무원이었다. 시급 8,612원짜리 시간 판매자였다. 하지만 이제는 시간의 주인이다. 당신도 할 수 있다. 선택은 당신의 몫이다.

chapter 4

'노력'만으로는 부족하다

2016년 1월, 겨울. 나는 인생에서 가장 열심히 살고 있었다. 새벽 6시에 일어나 6시 30분에 독서실에 도착했다. 밤 10시까지 자리를 지켰다. 하루 16시간. 화장실 가는 시간도 아까워서 물도 적게 마셨다. 점심은 편의점 김밥, 저녁은 컵라면. 먹는 시간조차 공부 시간을 뺏는 적이었다.

7개월 후, 기적이 일어났다. 9급 공무원 시험에 합격한 것이다. 주변에서는 대단하다고 했다. 7개월 만에 합격하다니, 역시 노력은 배신하지 않는다고. 나도 그렇게 믿었다. 열심히 하면 된다. 노력하면 성공한다. 그것이 세상의 공식인 줄 알았다.

하지만 5년 후, 여수의 작은 관사에서 나는 깨달았다. 노력만으로는 부족하다는 것을. 아니, 어쩌면 노력의 방향이 완전히 틀렸다는 것을.

열심히 사는 사람들의 나라

우리나라만큼 열심히 사는 나라가 또 있을까. 공무원이 된 후에도 나는 계속 노력했다. 평일 저녁에는 유튜브를 공부했고, 주말에는 온라인 강의를 들었다. 재테크 스터디에 다니고, 부동산 책을 읽고, 주식 투자를 공부했다. 부자가 되는 방법을 찾아 헤맸다. 구매대행을 시작하고는 더했다. 퇴근 후 7시부터 새벽 2시까지, 매일 7시간을 더 일했다. 주말은 통째로 일에 바쳤다. 한 달에 쉬는 날이라곤 손에 꼽을 정도였다.

어느 날, 택배를 받으러 나가다가 문득 주변을 둘러봤다. 우리 동네 치킨집 사장님은 매일 오전 11시에 가게를 열어 새벽 2시에 문을 닫았다. 365일 쉬는 날이 없었다. 편의점 알바생은 밤 11시부터 아침 7시까지 일하고, 낮에는 또 다른 아르바이트를 했다. 택배 기사님은 하루에 200개가 넘는 택배를 배송하며 아침 7시부터 밤 9시까지 뛰어다녔다. 모두가 정말 열심히 살았다. 새벽부터 밤까지, 주말도 없이, 쉬는 날도 없이. 그런데 이상했다. 왜 모두가 힘들어할까? 왜 "먹고 살만하다" 정도에 그칠까? 이렇게 열심히 사는데, 왜 부자는 되지 못할까?

시간을 파는 사람 vs 가치를 파는 사람

 답은 단순했다. 그런데 왜 나는 몰랐을까. 앞 챕터에서 말한 '시간을 파는 사람'과 '가치를 파는 사람'의 차이. 사실 이것이 노력의 방향성을 결정하는 핵심이었다. 나는 오랫동안 이 차이를 몰랐다. 아니, 알면서도 나와는 상관없는 이야기라고 생각했다.

 시간을 파는 사람은 이렇게 일한다. 하루 16시간 일하면 16시간만큼 번다. 주말까지 일하면 조금 더 번다. 하지만 하루는 24시간뿐이고, 일주일은 7일뿐이다. 아무리 열심히 해도 한계가 명확하다. 그러나 파는 사람은 다르다. 시스템을 만들고, 프로세스를 개선하고, 사람을 키운다. 자신이 없어도 돌아가는 구조를 만든다. 하루 3시간 일해도 24시간 돌아가는 사업을 만든다. 나는 5년간 공무원으로, 또 구매대행 초기에 시간을 팔았다. 새벽부터 밤까지, 주말도 없이. 그 결과는? 월급 200만 원, 구매대행 월 1,000만 원이 한계였다. 하지만 시스템을 만들고 가치를 만들기 시작하자 달라졌다. 일하는 시간은 줄었지만 매출은 10배, 20배로 늘었다. 이것이 노력의 방향성이다. 열심히? 당연하다. 하지만 어디에 열심인가? 시간을 파는 일에 열심인가, 가치를 만드는 일에 열심인가?

모두가 아는 비밀

 가치를 파는 일이 무엇이냐고? 간단하다. 반복 작업은 다른 사람에게 맡기고, 나는 더 중요한 일에 집중하는 것이다. 상품 등록은 알바생이 할 수 있다. CS 응대는 자동화 시스템이 대신한다. 재고 관리는 프로그램이 알아서 한다. 나는? 새로운 시장을 찾고, 더 좋은 상품을 기획하고, 파트너십을 만든다. 이것이 고부가가치 일이다. 누구나 할 수 있는 일이 아닌, 내가 해야만 하는 일. 시간당 만 원짜리 일이 아닌, 시간당 백만 원짜리 일. 사실 모두가 안다. 이렇게 하는 것이 좋다는 것을. 치킨집 사장님도 안다. 직원을 고용하면 자신은 마케팅에 집중할 수 있다는 것을. 편의점 알바생도 안다. 무인 시스템이 있으면 더 생산적인 일을 할 수 있다는 것을. 나도 알고 있었다. 시스템을 만들면 시간이 남는다는 것을. 그런데 왜 실행하지 않을까?

"익숙한 게 편해서"	가장 흔한 변명이었다. 새로운 방법을 배우는 것보다 익숙한 비효율을 선택했다.
"내가 하면 돈을 아끼니까"	시간의 기회비용을 계산하지 못했다. 포장하는 시간에 마케팅을 하면 10배를 벌 수 있는데도.
"내가 해야 제대로 되니까"	완벽주의의 함정이었다. 맥도날드 햄버거가 누가 만들어도 똑같은 이유는 시스템 때문인데.
"바꿀 시간이 없어서"	가장 아이러니한 변명이었다. 바쁘니까 바꿔야 하는데, 바쁘니까 못 바꾼다고 했다

결국 핵심은 하나다. 아는 것과 하는 것의 차이. 대부분은 안다. 하지만 하지 않는다. 그 차이가 부자와 가난한 사람의 차이를

만든다.

나의 변명들

솔직히 고백하자면, 나도 똑같은 변명을 했다. 공무원 시절에는 "이게 원래 공무원 일이야"라고 했다. 위에서 시키는 대로 하는 게 미덕이라고 생각했다. 개선하려고 나서면 오히려 눈에 띄어 귀찮아질 거라고 합리화했다. 구매대행 초기에도 마찬가지였다. "내가 직접 상품을 찾아야 좋은 걸 찾지", "고객 응대는 내가 해야 진심이 전달되지", "프로그램 쓰면 실수할까 봐"… 끝없는 변명의 나열이었다. 새벽 3시까지 혼자 상품 등록하면서도 '이게 사업가 정신이야'라고 스스로를 위로했다. 주말 내내 주문 처리하고 CS 응대하면서도 '고객이 최우선이니까'라고 정당화했다. 하나하나 수동으로 가격 계산하고, 옵션 번역하고, 상품 설명 쓰면서도 '내가 해야 정확하지'라고 믿었다. 물론 이런 노력이 헛되지는 않았다. 구매대행을 시작 후 지속적으로 성장하여, 월 1,000만 원까지 달성했었으니까.

하지만 그게 전부였다. 아무리 내 시간을 갈아 넣어도, 한계가 보였다. 더 이상은 혼자서는 불가능했다. 하루에 등록할 수 있는 상품도, 처리할 수 있는 주문도 한계가 있었으니까. 공무원도 마찬가지였다. 5년간 성실하게 일했지만, 호봉 상승 외에는 변화가 없었다. 월급 170만 원이 200만 원이 되는데 5년. 이 속도라면 월 천만 원을 벌려면 100년이 필요했다.

놓친 기회들

구매대행에서 사업으로 전환한 것도 사실 너무 늦었다. 구매대행을 시작하고 이미 궤도에 다 올라왔음에도, 한참을 망설인 뒤에 겨우 시도했다. 그전까지는 "재고 리스크가 없으니까 구매대행이 최고야!"라고만 생각했다. 하지만 진실은 달랐다. 나는 사업이라는 새로운 도전이 두려웠다. 아니, 정확히는 도전할 여유가 없었다. 매일 새벽까지 상품 등록하고, 주문 처리하고, CS 응대하느라 정신이 없었다. 새로운 것을 배울 시간도, 에너지도 없었다. 만약 일찍 시스템을 만들고 시간을 확보했다면 어땠을까? 아마 6개월은 빨리 사업을 시작했을 것이다. 그랬다면 지금쯤 월 매출 20억 원도 가능했을지 모른다.

바쁘면 더 큰 기회를 놓친다. 이것이 '바쁨의 역설'이다.

벗어나지 못한 공무원

더 아픈 깨달음이 있었다. 공무원을 퇴사하고 몇 달간, 나는 정말 미친 듯이 일했다. 하루 16시간, 주 7일. 매출은 계속 올랐다. 월 300만 원에서 500만 원으로, 다시 1,000만 원으로. 겉으로는 성공가도를 달리는 것 같았다. 하지만 속을 들여다보면 나는 여전히 공무원이었다. 매일 같은 패턴으로 소싱하고, 등록하고, 처리하고.

반복, 반복, 또 반복. 창의적인 생각도, 전략적인 판단도 없었다. 그저 열심히 '일'할 뿐이었다. 공무원 시절 매일 같은 보고서를 쓰던 것과 뭐가 다른가? 장소만 바뀌었을 뿐, 나는 여전히 단순 반복 작업에 갇혀 있었다. 진짜 사업가가 되려면 과감히 벗어나야 했다. 익숙한 것을 버리고, 불편한 새로운 세계로 뛰어들어야 했다.

시스템이 준 여유

사업으로 전환하면서 가장 먼저 한 일은 시스템화였다. 로켓그로스는 쿠팡이 배송과 CS를 대신 해준다. 나는 상품 소싱과 광고 관리만 하면 된다. 그래서 자동화 프로그램을 도입했다. 가격 계산, 재고 관리, 광고 최적화까지 대부분 자동화했다. 규모가 어느정도 커지며 직원도 채용했다. 처음엔 이상했다. "어? 벌써 일이 끝났나?", "내가 뭐 놓친 게 있나?", "이렇게 여유로워도 되나?" 불안했다. 하루 종일 일하던 사람이 갑자기 하루 3시간만 일하면 되니 죄책감마저 들었다. 빈 시간을 어떻게 써야 할지 몰랐다. 습관적으로 컴퓨터 앞에 앉아 있었다. 하지만 곧 깨달았다. 이 여유가 진짜 기회라는 것을. 이제는 단순히 상품을 더 많이 등록하는 것이 아니라, 어떻게 하면 더 가치 있는 상품을 만들 수 있을지 고민한다. 브랜딩은 어떻게 할지, 차별화는 어떻게 할지, 고객에게 어떤 경험을 줄 수 있을지. 새로운 시장도 연구하기 시작했다. 내 브랜드를 만들 수는 없을까? 물류 비용을 최소화할 수 있는 방법은 없을까?

무엇보다 중요한 건, 이제는 '생각할 시간'이 있다는 것이다. 매출 데이터를 분석하고, 시장 트렌드를 공부하고, 경쟁사를 연구한다. 유튜브로 다른 성공한 셀러들의 이야기도 듣고, 책도 읽는다. 예전에는 이런 것들이 사치라고 생각했다. '그런 거 할 시간에 상품이나 하나 더 등록하지' 했으니까. 하지만 이제 안다. 이런 시간이야말로 가장 생산적인 시간이라는 것을. 생각의 전환이 일어나고 있다. 더 이상 '얼마나 많이 일하느냐'가 아니라 '얼마나 가치 있게 일하느냐'를 고민한다.

이것이 시스템이 준 가장 큰 선물이다. 시간이라는 선물, 그리고 그 시간을 통해 더 큰 가능성을 볼 수 있게 된 것.

진짜 노력의 정의

이제야 안다. 진짜 노력이 무엇인지. 진짜 노력은 하루 16시간 일하는 것이 아니다. 더 적은 시간에 더 많은 가치를 만드는 방법을 찾는 것이다. 진짜 노력은 모든 일을 혼자 하는 것이 아니다. 시스템을 만들고, 사람을 키우고, 함께 성장하는 것이다. 진짜 노력은 바쁘게 사는 것이 아니다. 바쁨에서 벗어나 더 큰 그림을 그리는 것이다. 진짜 노력은 익숙한 것을 반복하는 것이 아니다. 불편하더라도 새로운 도전을 계속하는 것이다.

우리는 너무 오랫동안 '열심히'의 함정에 빠져 있었다. 땀 흘리는 것만이 노력이라고 믿었다. 하지만 21세기의 노력은 다르다. 더 똑똑하게, 더 효율적으로, 더 가치 있게 사는 것이다.

오늘부터 달라질 수 있다

이 글을 읽는 당신도 아마 알고 있을 것이다. 더 나은 방법이 있다는 것을. 하지만 여전히 어제와 같은 방식으로 일하고 있지 않은가? 여전히 모든 일을 혼자 하려고 하지 않는가? 여전히 시간을 팔고 있지 않은가?

더 이상 미루지 마라. 오늘 당장 할 수 있는 일부터 시작하라. 반복되는 업무 하나를 골라 매뉴얼을 만들어라. 자주 쓰는 답변을 템플릿으로 만들어라. 엑셀 매크로 하나를 배워라. 거창할 필요 없다. 작은 변화가 큰 결과를 만든다. 나도 작은 것부터 시작했다. CS 답변 템플릿을 만들고, 상품 등록을 자동화하고, 하나씩 시스템을 만들었다. 그 결과 일하는 시간은 줄었지만 매출은 수십 배 늘었다.

당신도 할 수 있다. 아니, 이미 방법을 알고 있다. 이제 선택의 시간이다. 계속 시간을 팔 것인가, 가치를 만들 것인가? 계속 열심히만 할 것인가, 똑똑하게 할 것인가? 답은 이미 당신 안에 있다. 이제 실행만 하면 된다. 그것이 진짜 노력이고, 부자가 되는 길이다.

chapter 5

실패를 자산으로, 리스크를 기회로

강의를 하면서 수많은 실패 사례를 들었다. 사업을 하면서 수많은 리스크 요소들도 검토했다. 그러다 보니 실패와 리스크에 대한 나만의 관점이 생겼다. 대부분의 사람들은 실패와 리스크를 두려워한다. 하지만 내가 보기에 이 둘은 부자가 되는 과정에서 반드시 만나야 할 친구들이다. 다만 제대로 알고 대해야 한다.

실패와 리스크, 무엇이 다른가
과거형과 미래형의 차이

실패와 리스크의 가장 큰 차이점은 시제에 있다.

실패는 이미 일어난 일이다. 과거형이다. 1억 원을 날렸다, 재고가 쌓였다, 광고비를 잘못 썼다. 모두 과거에 벌어진 일들이다.

리스크는 일어날 수 있는 일이다. 미래형이다. 환율이 오를 수 있다, 경쟁자가 들어올 수 있다, 트렌드가 바뀔 수 있다. 아직 일어나지 않은 가능성들이다. 이 차이가 왜 중요한가? 과거는 바꿀 수 없지만, 배울 수는 있다. 실패는 이미 지난 일이니 내가 그것 때문에 고꾸라지지만 않으면 된다. 오히려 비싼 수업료를 낸 셈 치고 확실히 배우면 그만이다.

예를 들어보자. 한 지인이 온라인 의류 사업을 시작했다. 첫 시즌 상품으로 여름 원피스 500벌을 준비했는데, 50벌밖에 못 팔았다. 이건 실패다. 과거형이다. 바꿀 수 없다. 하지만 그는 여기서 트렌드 분석의 중요성, 초기 물량 조절의 필요성, 타겟 고객층 파악의 중요성을 배웠다. 다음 시즌에는 이 경험을 바탕으로 작은 수량으로 여러 디자인을 테스트했고, 반응이 좋은 것만 추가 생산했다. 실패가 노하우가 된 것이다. 앞으로도 시즌 상품이 안 팔릴 리스크는 있다. 미래형이다. 하지만 이제 그는 소량 테스트 생산, 예약 판매 시스템, 빠른 추가 생산 체계를 갖췄다. 리스크를 관리하고 있는 것이다.

당신의 리스크는 남에게도 리스크다

이 개념이 왜 중요한지 예를 들어 설명해보겠다.

전자제품 판매 시장의 진실

당신이 전자제품을 온라인으로 판매한다고 가정해보자. 중국에서 사입해서 쿠팡에 판다. 많은 사람들이 이렇게 묻는다.

"삼성, LG 같은 대기업이 있는데 어떻게 경쟁해요?"

여기서 착각하는 게 있다. 당신의 진짜 경쟁자는 삼성이나 LG가 아니다. 당신처럼 중국에서 사입해서 파는 중소 셀러들이다. 전자제품 시장에서 가장 큰 리스크는 뭘까? 브랜드 파워의 부재다.

- 삼성 로고가 없다
- A/S 망이 없다
- 광고를 못 한다
- 소비자 신뢰가 낮다

그런데 중요한 건, 이 리스크를 당신만 가지고 있는 게 아니라는 점이다. 당신의 경쟁자인 다른 중소 셀러들도 똑같은 리스크를 안고 있다.

놀라운 시장 점유율

그렇다면 삼성, LG가 시장을 독식하고 있을까? 놀랍게도 아니다.

2023년 국내 소형가전 시장 점유율을 보면

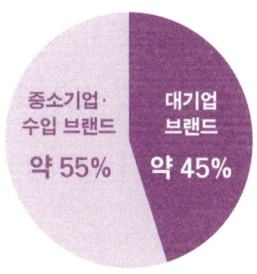

절반 이상이 '브랜드 파워가 없는' 제품들이다. 무선 이어폰 시장은 더 극적이다.

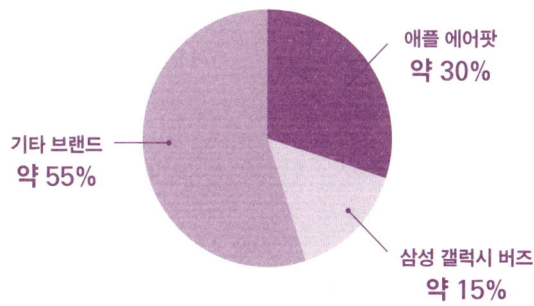

왜 이런 일이 벌어질까? 소비자들이 바보라서? 아니다. 가격 대비 성능이 좋으면 산다. 브랜드가 없어도 리뷰가 좋으면 산다. 디자인이 예쁘면 산다. 배송이 빠르면 산다. 만약 대기업이 90% 이상을 차지하는 시장이었다면? 그때는 '진입장벽이 높은 시장'이라고 부른다. 피해야 할 시장이다. 하지만 그렇지 않다면? 당신과 같은 처지의 경쟁자들끼리 선의의 경쟁을 하면 된다. 먹을 파이는 충분하다.

리스크 극복 사례

내가 아는 한 셀러는 '브랜드 없음'이라는 리스크를 이렇게 극복했다:

1. **상세한 사용 영상 제작** - 대기업은 안 한다
2. **24시간 카톡 상담** - 대기업은 못 한다
3. **무조건 환불 정책** - 대기업은 복잡하다
4. **구매자 커뮤니티 운영** - 대기업은 관심 없다

이 결과 월 매출 5억 원을 달성할 수 있었다.

하이 리스크, 하이 리턴

"하이 리스크, 하이 리턴" 누구나 아는 말이다. 위험이 크면 보상도 크다는 뜻이다. 그런데 많은 사람들이 이 말을 잘못 이해한다.

- **잘못된 이해:** "위험한 걸 해야 큰돈을 번다", "도박을 해야 대박이 난다", "묻지마 투자가 최고다"

- **올바른 이해:** "남들이 리스크 때문에 못 하는 걸 내가 관리하며 하면 큰 수익이 난다"

예를 들어보자.

시즌 상품의 리스크와 수익

시즌 상품은 리스크가 크다. 날씨를 잘못 예측하면 재고 더미에 파묻힌다. 그래서 많은 셀러들이 피한다. 하지만 리스크가 크다는 것은 곧 경쟁자가 적다는 뜻이다. 그리고 경쟁자가 적으면? 마진이 높다.

- **사계절 상품 평균 마진율:** 20-30%
- **시즌 상품 평균 마진율:** 40-60%

두 배 차이다. 왜? 리스크를 감수하는 대가다. 물론 무작정 시즌 상품을 하라는 게 아니다. 리스크를 관리하면서 해야 한다.

- 기상청 데이터 분석
- 전년도 판매 패턴 연구
- 단계별 발주 시스템
- 시즌 종료 2개월 전 구매 중단

이렇게 하면 리스크는 줄이면서 높은 리턴을 가져갈 수 있다.

실패한 척하는 사람들

강의를 하다 보면 정말 다양한 '가짜 실패' 사례를 만난다.

유형 1 단기간의 성과를 기대하는 경우

"한 달 했는데 월급만큼 못 벌어요. 실패예요."

4년제 대학을 나와서, 월급 300만 원 받는 것도 힘든데 사업은 한 달 만에 그 이상을 기대한다고? 내 첫 달 수익은 6만 원이었다. 그런데 지금은 어떤가. 이것이 과정이다.

유형 2 일희일비하는 경우

"지난주보다 매출이 떨어졌어요. 망하는 건가요?"

주식 차트를 1분 봉으로만 보면 온종일 오르락내리락한다. 하지만 연간 차트로 보면? 명확한 추세가 보인다. 사업도 마찬가지다. 일주일 단위로 일희일비하지 마라. 최소 분기, 가능하면 연 단위로 봐라.

유형 3 하지도 않고 실패했다고 하는 경우

이게 제일 답답하다.

"사업 계획 다 세웠는데, 아무리 봐도 안 될 것 같아요."

"정말 시작해보셨어요?"

"아니요. 하지만 시뮬레이션 해보니…"

이건 실패가 아니다. 그냥 안 한 거다. 수영을 배우려면 물에 들어가야 한다. 아무리 이론을 공부해도, 동영상을 봐도, 물에 들어가지 않으면 영원히 못 배운다. 사업도 마찬가지다. 아무리 계획이 완벽해도, 시장 조사를 철저히 해도, 시작하지 않으면 아무 일도 일어나지 않는다.

실패와 리스크를 대하는 자세

그렇다면 어떻게 해야 할까?

1. 실패는 수업료다

실패했다고 끝이 아니다. 무엇을 배웠는지가 중요하다.

내가 첫 번째 시즌 상품으로 선풍기 재고를 떠안았을 때, 두 가지 선택지가 있었:

- A: "시즌 상품은 너무 위험해. 다시는 안 해."
- B: "비싼 수업료 냈네. 다음에 이렇게 하자."

나는 B를 택했다. 그 결과 철저한 시즌 상품 관리 시스템을 만들었다. 기상청 데이터 분석, 전년도 판매 추이 확인, 단계별 발주,

시즌 종료 2개월 전 구매 중단. 지금은 시즌 상품 적중률이 80%를 넘는다. 또 다른 예를 들어보자. 한 수강생이 처음 만든 상품은, 상세페이지 전환율 0.1%를 기록했다. 1,000명이 봐도 1명만 산다는 뜻이다. 포기했을까? 아니다. "왜 안 샀을까?"를 분석했다. 경쟁사 페이지와 비교했다. 고객 피드백을 받았다. 그리고 개선했다. 지금 그의 전환율은 3.5%. 35배가 늘었다. 실패가 아니라 시작이었던 것이다.

2. 리스크는 기회다

모두가 꺼리는 곳에 기회가 있다. KC 인증? 번거롭다. 그래서 경쟁자가 적다. 시즌 상품? 위험하다. 그래서 마진이 높다. 대량 거래? 부담스럽다. 그래서 단가가 싸다. 리스크를 피하면 안전하지만 평범하다. 리스크를 관리하면 특별해진다.

3. 과정을 즐겨라

실패도 과정이고, 리스크도 과정이다. 완벽한 성공 스토리는 없다. 있다면 거짓말이거나 아직 진행 중인 이야기다. 나도 지금 이 순간에도 새로운 실패를 하고 있을지도 모른다. 새로운 리스크를 만나고 있을지도 모른다. 하지만 두렵지 않다. 오히려 설렌다. 또 무엇을 배울까?

4. 부자가 되고 싶다면 실패와 리스크를 친구로 만들어라.

실패를 두려워하면 시작도 못한다. 리스크를 피하면 기회도 놓친다. 대신 이렇게 생각하라:

- 실패는 비싼 수업이다
- 리스크는 숨겨진 기회다
- 모든 것은 과정일 뿐이다

그리고 기억하라. 가장 큰 실패는 아무것도 하지 않는 것이다. 가장 큰 리스크는 아무 리스크도 감수하지 않는 것이다. 지금 당신 앞에 놓인 실패와 리스크는 무엇인가? 피하지 말고 직면하라. 두려워하지 말고 관리하라. 포기하지 말고 배워라. 그것이 부자가 될 수 있는 유일한 길이다.

chapter 6

부자는 원래 외롭다

    이 책을 읽는 당신은 아마도 평범한 삶을 살고 있을 것이다. 안정적인 직장, 정해진 월급일, 예측 가능한 미래. 5년 후, 10년 후의 모습이 대충 그려지는 그런 삶. 나쁘지 않다. 대부분의 사람들이 원하는 삶이니까. 그런데 어느 날, 당신의 마음속에서 작은 목소리가 들려온다. '이게 전부일까?' 그리고 당신은 결심한다. 뭔가 다른 것을 시도해보기로. 사업이든, 투자든, 부동산이든. 평범함을 벗어나 특별함을 추구하기로. 당연히 주변에서는 미쳤다는 소리를 할 것이다.

    바로 그 순간부터 모든 게 시작이다.

반대의 삼중주

내가 공무원을 그만두고 사업을 시작했을 때, 세 가지 종류의 반대에 부딪혔다. 마치 단계별로 준비된 시험처럼, 하나씩 차례로 찾아왔다.

첫 번째 관문: 가족이라는 이름의 벽

"엄마, 나 공무원 그만둘 거야."

숟가락을 놓는 소리가 유난히 크게 들렸다. 3초간의 침묵. 그리고 폭발.

"뭐? 미쳤어?"

예상했던 반응이었지만, 막상 들으니 가슴이 아팠다. 우리 부모님 세대에게 공무원은 단순한 직업이 아니다. 평생직장, 철밥통, 노후 연금. 안정의 상징이자 성공의 증거다. 특히 우리처럼 넉넉하지 않은 집안에서는 더욱 그렇다.

"네가 사업을 뭘 알아?", "사기당하면 어떡해?", "실패하면 누가 책임져?"

어머니의 목소리에는 걱정과 분노가 뒤섞여 있었다. 이해한다. 딸이 안정적인 길을 포기하고 위험한 도박을 하러 간다고 생각하는 것이다. 하지만 나는 이미 준비가 되어 있었다.

숫자의 힘

말로는 백 번을 설명해도 소용없다는 것을 알았기에 나는 다른 방법을 택했다.

"엄마, 이거 봐."

스마트폰 화면을 보여드렸다. 쿠팡 정산 내역이었다.

[7월 정산: 2,242,300원]

어머니의 눈이 휘둥그레졌다.

"이게 뭐야?"

"내가 부업으로 번 돈이야. 퇴근하고 집에서."

믿기지 않는다는 표정이었다. 공무원 월급이 170만 원인데, 부업으로 그 두 배를 번다니.

"진짜야?"

"응. 매달 이 정도 벌어. 그리고 점점 늘고 있어."

분위기가 바뀌기 시작했다. 화난 표정이 놀람으로, 놀람이 호기심으로 변했다.

"그래도... 공무원이 더 안정적이지..."

목소리에 힘이 빠져 있었다. 이미 마음이 흔들리고 있다는 신호였다.

"엄마, 6개월만 지켜봐. 더 잘될 거야."

그날 이후로 나는 매달 정산 내역을 보여드렸다. 400만 원, 500만 원, 600만 원, 1,000만 원까지, 숫자가 모든 것을 설명해주었다. 결국 어머니도 인정하셨다.

"그래, 니가 알아서 해라. 대신 실패하면..."

끝까지 말씀하지 않으셨지만, 나는 알았다. 실패는 없다는 것을.

두 번째 관문: 경쟁자라는 이름의 늑대들

사업이 성장하기 시작하자, 새로운 적들이 나타났다. 같은 시장에서 파이를 나눠 먹는 경쟁자들이었다. 그들의 공격은 치밀하고 잔인했다. 어느 날 아침, 스토어를 확인하니 1점 리뷰가 10개나 올라와 있었다. "품질 최악이에요", "사기 상품입니다", "환불 거부합니다" 확인해보니 모두 구매 이력이 없는 계정들이었다. 명백한 악성 리뷰 테러였다. 그뿐만이 아니었다. 허위 신고도 이어졌다. "이 상품은 위조품입니다.", "상표권 침해입니다.", "허위 광고입니다." 쿠팡에서 판매 중지 통보가 왔다. 해명 자료를 준비하고, 증빙 서류를 제출하고, 담당자와 통화하는 데 일주일이 걸렸다. 가격 경쟁도 시작됐다. 내가 5만 원에 판매하면, 갑자기 누군가 3만 원에 똑같은 상품을 올렸다. 원가도 안 나오는 가격이었다. 시장을 망치려는 의도가 뻔히 보였다.

심지어 내 거래처에 직접 연락하는 경우도 있었다. "그 업체랑 거래하지 마세요.", "저희가 더 좋은 조건 드릴게요.", "그 사람 믿으면 안 돼요." 상도덕이라곤 찾아볼 수 없었다. 함께 성장하자는 마인드? 그런 건 동화책에나 나오는 이야기였다.

세 번째 관문: 익명이라는 이름의 겁쟁이들

유튜브에 얼굴을 공개하고 강의를 시작했을 때, 새로운 종류의 공격이 시작됐다. 익명의 댓글러들, 이른바 '헤이터'들이었다. 외모부터 시작해서 과거사까지, 그들의 공격 범위는 무제한이었다. "얼굴은 별로네", "나이 들어 보여", "성형 했나?" 처음엔 웃으며 넘겼다. 하지만 점점 도를 넘어섰다. "공무원이 겸업? 위법 아님?", "신고해야 되는 거 아냐?", "세금은 제대로 냈나?" 급기야 인신공격까지 이어졌다. "온라인 물건팔이 주제에", "사기꾼 냄새 난다", "돈 자랑하러 나온 거?" 익명이 주는 용기. 키보드 뒤에 숨어서 쏟아내는 독설들. 처음엔 상처받았다. '내가 뭘 잘못했나?', '그냥 그만둘까?' 하는 생각도 들었다.

놀라운 발견

그런데 시간이 지나면서 이상한 현상을 발견했다. 악플이 늘어날수록 수강생도 늘어났다. 헤이터가 100명이면, 팬은 1,000명이었다. 숫자로 보니 명확했다.

악플 단 사람: 127명 수강 신청한 사람: 1,583명

더 놀라운 것은 다음이었다. 어느 날 수강생 명단을 확인하다가 익숙한 아이디를 발견했다. 분명 며칠 전 악플을 달았던 사람이었다. 낮에는 악플을 달고, 밤에는 수강료를 결제한 것이다. '싫어하는 사람들이 나에게 돈을 준다?' 처음엔 이해할 수 없었다. 하지만 곰곰이 생각해보니, 직장 생활과 다를 게 없었다.

미움받는 것의 경제학

우리는 모두 싫어하는 대상으로부터 돈을 받으며 산다. 싫은 상사 밑에서 일한다. "부장님 진짜 싫어"라고 욕하면서도, 그가 결재하는 월급은 받는다. 싫은 회사에 다닌다. "이 회사 진짜 별로야"라고 투덜거리면서도, 매달 급여일은 기다린다. 사업도 마찬가지였다. 싫어하는 사람도 내 고객이 될 수 있다. "저 강사 별로야"라고 말하면서도 강의는 듣는다. 악플 다는 사람도 구매한다. "상품 별로네"라고 평가하면서도 또 산다. 차이가 있다면 금액의 단위뿐이었다. 직장에서는 월 200만 원을 받았다. 사업에서는 월 2,000만 원을 번다. 10배의 차이. 그렇다면 악플도 10배쯤은 들을 만하다고 생각했다.

반대를 자산으로 바꾸는 법

3년간의 경험을 통해 나는 반대를 다루는 나만의 방법을 터득했다. 가족에게는 숫자로 말한다. 백 마디의 말보다 통장 잔고 한 줄이 강하다. 설득하려 하지 말고 보여주라. 매달 늘어나는 정산 내역, 통장 잔고, 그리고 부모님 용돈 인상. 행동이 최고의 설득이다.

경쟁자와 헤이터에게는 감사한다. 이상하게 들릴 수 있지만 진심이다. 그들이 내게 관심을 가진다는 것은 내가 잘되고 있다는 증거다. 악플도 관심이고, 공격도 견제다. 진짜 무서운 것은 무관심이다. 무엇보다 중요한 사실은, 이들도 결국 돈을 벌어다 준다는 것이다. 악플러도 고객이 되고, 경쟁자도 시장을 키운다. 미워하는 에너지가 아깝다. 차라리 그 시간에 돈을 벌자.

나의 멘탈 관리법

"멘탈 관리 어떻게 해요?"

자주 받는 질문이다. 솔직히 말하면, 지금은 별로 신경 안 쓴다. 근데 처음부터 그랬던 건 아니다. 처음엔 지옥이었다. 악플 하나에 밤잠을 설치고, 경쟁자의 공격에 이를 갈았다. 새벽 3시, 혼자 컴퓨터 앞에 앉아서 악플을 하나하나 다시 읽으며 반박하는 댓글을 쓰다가 지우기를 반복했다. '왜 나한테만 이러는 거야?' '내가 뭘 잘못했다고?' 분노와 억울함에 키보드를 내리치고 싶은 날이 한두 번이 아니었다. 그런데 이상한 일이 일어났다. 어느 날 새벽, 또 악플 때문에 잠이 안 와서 핸드폰을 만지작거리다가 습관적으로 정산 내역을 확인했다.

[정산 완료: 3,242,340원]

순간 묘한 기분이 들었다. '어? 오늘도 돈이 들어왔네?' 그날부터 뭔가 달라지기 시작했다. 스트레스받을 때마다 정산 내역을 확인하는 습관이 생겼다. 아침에 일어나서 악플 확인 대신 정산 내역을 본다.

[정산 완료: 4,495,200원]

기분이 좋아진다. 점심 먹고 경쟁자 때문에 짜증날 때, 매출 그래프를 본다. 우상향 곡선이 위로가 된다. 저녁에 자기 전, 하루의 스트레스를 월 매출로 씻어낸다.

[2024년 6월 매출: 724,349,240원]

"수고했어, 나." 이상하게도 통장 잔고가 늘어날수록 마음이 편해졌다. 악플이 와도 예전처럼 화나지 않았다. 경쟁자가 공격해도 덤덤해졌다. 돈이 상처를 치유해준 것이다. 그러다 더 신기한 일이 일어났다. 어느 날, 매출이 평소보다 적은 날이었다. 예전 같았으면 불안해했을 텐데, 이상하게 괜찮았다. '내일은 더 벌겠지.' 그리고 깨달았다. 이제는 돈이 없어도 멘탈이 괜찮아졌다는 것을. 충분한 '치료'를 받고 나니, 약 없이도 건강해진 것이다. 지금은 악플이 달리면 오히려 감사하다.

"관심 가져주셔서 감사합니다. 당신도 제 잠재 고객이시군요."

진심이다. 무관심보다 악플이 낫다. 최소한 내 존재를 알고 있다는 뜻이니까. 그리고 실제로 악플러 중 상당수가 나중에 고객이 된다. 경쟁자의 공격도 마찬가지다.

"덕분에 더 열심히 하게 되네요. 감사합니다."

그들이 나를 견제한다는 것은 내가 잘하고 있다는 증거다. 아무도 죽은 물고기는 때리지 않는다. 이제는 모든 부정적인 관심도 자산이라고 생각한다. 욕하는 사람도 내 이름을 기억한다. 비난하는 사람도 내 상품을 본다. 공격하는 사람도 내 영향력을 인정한다. 그들 모두가 나의 고객이고, 나의 성장 동력이다.

이것이 나의 멘탈 관리법이다. 통장 잔고로 시작해서, 이제는 마음의 잔고로 이어진 것. 가장 솔직하고, 가장 효과적인 방법이다.

부자의 길은 원래 외롭다

지금까지는 사업 이야기를 했다. 하지만 꼭 사업이 아니어도 된다. 부자가 되는 방법은 여러 가지다. 사업, 투자, 부동산, 전문직. 방법이 무엇이든 결과는 같다. 부자가 되겠다고 선언하는 순간, 당신은 외로워진다.

"나 부자 될 거야."

이 한마디에 돌아오는 반응들은 이렇다. "돈이 전부가 아니야", "행복이 더 중요하지", "욕심 부리지 마", "우리 같은 사람이 무슨" 대부분의 사람들은 적당히 산다. 적당한 월급, 적당한 저축, 적당한 만족, 적당한 포기. 그들의 눈에, 부자가 되겠다는 당신은 이상한 사람이다. 더 안타까운 것은, 당신이 성공할수록 더 외로워진다는 것이다.

월급 300만 원 시절에는 다 같이 고민을 나누던 친구들이, 월 수입 3,000만 원이 되니 "넌 이제 우리랑 달라"라고 한다. 월 수입 1억 원이 되면 아예 다른 세계 사람 취급을 받는다. 부자의 고민을 누구와 나눌 것인가? 세금 고민, 투자 고민, 자산 관리 고민. "배부른 소리 하지 마"라는 말만 돌아올 뿐이다. 그래서 부자는 외롭다.

외로움을 선택할 용기

하지만 기억하라. 99%가 가는 길은 평범한 삶으로 이어진다. 1%가 가는 길은 특별한 삶으로 이어진다. 외로운 길이 맞다. 하지만 그 끝에는 자유가 있다. 경제적 자유, 시간의 자유, 선택의 자유. 무리 속의 가난보다 홀로 선 부가 낫다. 역사가 이를 증명한다. 스티브 잡스는 "컴퓨터를 개인이 쓴다"고 했을 때 미친 사람 취급을 받았다. 2025년 10월 현재, 애플의 시가총액은 무려 3조 달러가 넘는다. 일론 머스크는 "민간 기업이 로켓을 쏜다"고 했을 때 조롱받았다. 지금 스페이스X의 기업가치는 4,000억 달러로 평가받는다. 나는 "공무원이 사업한다"고 했을 때 미쳤다는 소리를 들었다. 그리고 지금, 연매출 100억 원을 달성했다.

미쳤다는 소리가 들리는가

지금도 주변에서 미쳤다고 하는가? 좋다. 그럼 제대로 가고 있는 것이다. 미쳤다는 소리가, 당신이 달리 살기를 결정했다는 증거다. 그리고 그 소리를 듣는 당신은 이미 특별한 길 위에 서 있다. 반대하는 사람들, 비웃는 사람들, 공격하는 사람들. 그들도 결국 당신에게 돈을 벌어다 줄 것이다. 고객으로, 경쟁자로, 또는 팬으로. 그러니 미쳤다는 소리를 자랑스럽게 들어라. 그것은 성공의 시작을 알리는 팡파르다. 당신이 부자가 되고 싶다면, 외로움을 친구로 만들어라. 그것이 부자가 되는 첫걸음이다.

chapter 7

결정하고
돌아보지 않는 용기

여수로 발령받은 지 몇 달이 지난 어느 날이었다. 관사의 책상 서랍을 정리하다가 낡은 노트 한 권을 발견했다. 표지가 바랜 2019년도 다이어리. 호기심에 펼쳐보니, 거기엔 내 지난 2년간의 초상이 그대로 담겨 있었다. '할 일 리스트'라고 적혀 있었지만, 정확히는 '할까 말까 리스트'였다.

- 네이버 블로그 시작하기 (ID만 만들고 방치)
- 공인중개사 따기 (1차는 가까스로 붙었는데 2차 과락 맞고 포기)
- 주식 투자 공부하기 (증권계좌 개설 후 ETF 투자했으나 증시 폭락 후 방치)
- 영어 공부 다시 시작 (교재 구매 완료)

- 부동산 공부하기 (경매, 공매, 청약 등 책만 10권 구매)
- 재테크 스터디 참여하기 (참여만 하고 뿌듯함만 얻음)
- 유튜브… (아, 맞다. 이건 징계 받았지)

씁쓸한 웃음이 났다. 모든 항목이 '시작'에서 멈춰 있었다. 네이버 블로그는 ID만 만들고 단 한 줄도 쓰지 않았다. 증권계좌의 잔고는 여전히 변화가 없었다. 재테크 스터디는 신청 후 참여하지 않은 적이 많아 신청비만 날렸고, 부동산 책들은 책장의 장식품이 되어 먼지만 쌓여가고 있었다. 나는 '결정'하는 척만 하고 있었다. 시작하는 것도 아니고, 포기하는 것도 아니고. 그 애매한 중간 지점에서 2년이라는 시간을 흘려보냈다. '준비'라는 그럴듯한 이름으로 포장한 '미루기'였다.

30만 원의 결정

2021년 6월의 어느 날. 유튜브 징계 이후 부업 수입이 끊긴 지 한 달. 절박한 심정으로 돈이 될 만한 것들을 찾아 헤매던 시기였다. 새벽까지 인터넷을 뒤지다가 구매대행 광고를 발견했다.

"월 300만 원 못 벌면 100% 환불!"

이전 같았으면 그냥 넘겼을 것이다. 하지만 그날은 달랐다. 통장 잔고는 바닥을 보이고 있었고, 월급날은 아직 멀었다. 클릭했다. 상세 페이지를 읽었다. 수강료 30만 원. 장바구니에 담았다. 그리고… 3일을 고민했다. '30만 원이면 한 달 식비인데…' '또 사기 아닐까?' '이것도 하다가 포기하면 어쩌지?' 3일째 밤, 침대에 누워 천장을 바라보며 스스로에게 물었다.

"그래서 언제까지 고민만 할 건데?"

순간, 지난 2년이 주마등처럼 스쳐 지나갔다. 블로그도, 주식도, 쇼핑몰. 다 고민만 하다가 시간이 지나갔다. 그 시간 동안 다른 사람들은 시작했고, 성장했고, 성공했다. 나만 제자리였다. 그 순간 깨달았다. 고민하는 시간 자체가 낭비라는 것을. '에라, 모르겠다. 환불받으면 되지 뭐.' 카드를 긁었다. 그 30만 원이 내 인생을 바꿨다.

투자가 만든 책임감

결제를 하고 나니 신기하게도 마음가짐이 달라졌다. '이제 본전이라도 뽑아야지.' 30만 원. 월급 170만 원을 받는 나에게는 결코 적은 돈이 아니었다. 돈을 썼으니 아까웠다. 아까우니 열심히 들었다. 열심히 들으니 실행했다. 만약 무료 강의였다면? 아마 3강도 안 듣고 포기했을 것이다.

투자가 책임감을 만들었다. 더 중요한 건 '퇴로를 끊었다'는 느낌이었다. 이 돈을 그냥 날릴 순 없었다. 반드시 회수해야 했다. 아니, 그 이상을 만들어야 했다.

절박함이 집중력을 만들었다. 첫 상품을 등록할 때도 마찬가지였다. 완벽한 상품을 찾느라 2주를 보냈다. '이건 경쟁이 너무 심하고...', '이건 마진이 너무 적고...', '이건 배송이 복잡하고...' 어느 날 멘토가 단톡방에 메시지를 보냈다.

"완벽한 상품 찾다가 늙어 죽어요. 그냥 하나 올리고 보세요."

뜨끔했다. 마치 나를 보고 하는 말 같았다. 그날 바로 등록했다. 대충 골라서, 대충 올렸다. 휴대용 과일 세척기. 왜 그걸 골랐냐고? 그냥 눈에 띄어서. 그런데 팔렸다. 첫 주문이 들어왔을 때의 그 전율을 아직도 잊을 수 없다. 완벽하지 않은 상품이, 완벽하지 않은 상세페이지로, 완벽하지 않은 타이밍에 팔렸다. 완벽한 타이밍은 없었다. 그냥 하는 게 타이밍이었다.

72시간의 법칙

그 이후로 나는 나만의 원칙을 만들었다. '72시간 룰'이다. 뭔가 결정해야 할 일이 생기면 아래와 같이 하기 시작했다.

1일차: 정보 수집 2일차: 장단점 분석 3일차: 결정 및 실행

72시간이 지나도 결정하지 못하면? 그것은 '안 한다'는 결정으로 간주한다. 처음엔 스스로도 의심했다. '너무 성급한 거 아닐까?', '더 신중해야 하는 거 아닐까?' 하지만 시간이 지나면서 깨달았다. 신중함과 우유부단함은 전혀 다른 것이었다. 신중함은 정보를 충분히 검토하는 것이다. 우유부단함은 결정을 무한정 미루는 것이다. 나는 지금까지 후자였다. 이 룰을 적용하니 놀라운 일이 일어났다. 쓸데없는 고민이 사라졌다. 정말 중요한 것만 남았다. 무엇보다 실행 속도가 10배는 빨라졌다.

"이 상품 팔까 말까?" → 72시간 내 테스트 판매
"광고비를 늘릴까 말까?" → 72시간 내 소액 테스트
"직원을 뽑을까 말까?" → 72시간 내 면접 진행

결정력이라는 근육

결정력도 근육처럼 키울 수 있다는 것을 알게 되었다. 나는 작은 것부터 연습했다. '식당에서 메뉴 정하기: 1분 안에, 옷 고르기: 30초 안에, 메시지 답장: 읽는 즉시' 처음엔 불안했다. '더 좋은 선택이 있을 텐데…', '좀 더 생각해볼까…' 하지만 곧 깨달았다. 점심 메뉴를 잘못 골라봤자 무슨 대수인가? 다음에 다른 걸 먹으면 된다. 옷을 잘못 골라봤자 어떤가? 안 입으면 그만이다. 작은 결정에 에너지를 쓰지 않으니 큰 결정에 집중할 수 있었다.

심리학자들의 연구에 따르면, 인간은 하루에 약 35,000개의 결정을 내린다고 한다. 대부분은 사소한 것들이다. '뭘 입을까', '뭘 먹을까', '어떤 길로 갈까…' 이런 사소한 결정에 에너지를 다 써버리면, 정작 중요한 결정을 할 때는 이미 지쳐 있다. 그래서 스티브

잡스는 매일 같은 검은색 터틀넥을 입었고, 마크 저커버그는 회색 티셔츠만 입는다. 결정 피로도를 줄이기 위해서다.

후회의 무게

지금도 강의를 하면 수강생들이 자주 묻는다. "선생님은 그렇게 빨리 결정해도 후회 안 하세요?", "실패하면 어떡해요?" 그럴 때마다 이렇게 대답한다.

"후회요? 가끔 합니다. 하지만 안 했을 때의 후회가 더 무섭습니다."

그리고 되묻는다.

"여러분, 이 수업 신청할 때 얼마나 고민했어요? 근데 지금 후회하시나요?"

다들 웃으며 고개를 젓는다. 그리고 한결같이 말한다. 더 빨리 시작할걸 그랬다고. 이게 답이다. 실행한 후의 후회는 잠깐이다. 하지만 실행하지 않은 후회는 평생 간다.

오늘의 나, 그리고 당신

2년 전의 그 '할까 말까 리스트'를 다시 꺼내 봤다. 놀랍게도 그때의 망설임들이 지금은 모두 현실이 되어 있었다. 네이버 블로그는 지금 내 사업의 중요한 마케팅 채널이 되었다. 주식은 사업 수익으로 꾸준히 투자하고 있다. 부동산? 드디어 내 이름으로 된 집을 샀다. 그리고 가장 놀라운 것은, 지금 내가 다른 사람들에게 '결정하는 법'을 가르치고 있다는 사실이다. 매주 수업에서 나는 반복해서 말한다. "상품 소싱에 일주일 이상 쓰지 마세요.", "첫 상품은 그냥 아무거나 올리세요.", "완벽한 상세페이지? 그런 거 없어요." 처음엔 다들 불안해한다. 하지만 용기를 내어 시작한 수강생들은 지금 월 천만 원을 넘어서고 있다.

만약 그때, 2021년 6월의 그날 밤, 구매대행 수강료 30만 원을 계속 고민만 하고 있었다면? 아마 지금도 여수 관사에서 '할까 말까 리스트'나 업데이트하고 있었을 것이다.

지금, 바로 지금

한 가지 더 말하고 싶은 것이 있다. 결정을 미루는 것도 결정이다. '안 한다'는 결정. 문제는 우리가 그 결정을 인정하지 않는다는 것이다. '나중에 할 거야'라는 자기 위안으로 스스로를 속인다. 나중은 없다. 나중에 하겠다는 것은 안 하겠다는 것과 같다. 그러니 정직해지자. 할 거면 지금 하고, 안 할 거면 깔끔하게 포기하자. 애매한 중간 지대에 있는 것이 가장 에너지를 소모한다. 오늘도 누군가는 고민하고 있을 것이다. '이거 할까 말까...', '지금이 맞는 타이밍일까...', '좀 더 준비하고 시작할까...' 그런 당신에게 묻고 싶다.

"그래서 언제 시작할 건가요?"

내일? 다음 주? 다음 달? 아니면 내년? 답은 하나다. 지금. 바로 지금이다. 결정하라. 그리고 돌아보지 마라. 틀릴 수도 있다. 실패할 수도 있다. 하지만 그것도 전진이다. 제자리에 서 있는 것보다 뒤로 가는 것이 낫다. 적어도 뭔가를 배우니까. 인생은 완벽한 타이밍을 기다리는 사람이 아니라, 불완전한 타이밍에도 시작하는 사람의 것이다. 그것이 내가 배운 가장 값진 교훈이다.

PART 3

억척스럽게 부자되기

들어가며

2023년 가을, 나는 서울의 한 고급 호텔 라운지에서 중국 거래처 대표를 기다리고 있었다. 월 매출 3억 원을 찍었으니, 이제는 나도 '성공한 사업가'라고 불릴 만했다고 생각했다.

"이지영 대표님?"

고개를 들어보니 예상과 전혀 다른 사람이 서 있었다. 명품 정장 대신 낡은 바람막이, 최신 명품백 대신 10년은 됐을 법한 서류 가방. 하지만 그의 눈빛은 누구보다 날카로웠다.

"죄송합니다. 제가 좀 늦었네요. 공장에서 품질 검수하다가…"

그는 중국에서 연 매출 500억 원을 만드는 사장이었다. 새벽 4시에 일어나 공장을 돌고, 직접 물건을 확인하며, 거래처를 위해 비행기를 타고 날아온 사람이었다. 그날 나는 깨달았다. 진짜 부자는 우아하지 않다는 것을. TV나 인스타그램에서 보는 부자들은 늘 여유롭고 품위 있어 보인다. 요트를 타고, 골프를 치며, 와인을 마신다. 하지만 내가 만난 진짜 부자들은 달랐다. 그들은 억척스러웠다. 월 10억 원을 버는 언니는 여전히 새벽 시장에 나가 물건을 고른다. "내 눈으로 봐야 안심이 돼"라며. 연 매출 100억 원 사장님은 아직도 고객 전화를 직접 받는다. "고객 목소리를 들어야 시장이 보여"라며. 자산 1,000억 원 회장님은 매일 5시에 일어나 신문 5개를 정독한다. "하루라도 공부를 놓으면 뒤처져"라며.

그들에게는 공통점이 있었다. 돈을 신성하게 여기면서도 돈을 위해서라면 무엇이든 할 수 있는 억척스러움. 품위를 지키려다 기회를 놓치지 않는 현실감. 그리고 혼자가 아닌 함께 성장하려는 진정성. 이 장에서는 내가 직접 보고 배운 진짜 부자들의 모습을 이야기하려 한다. 그들이 어떻게 생각하고, 어떻게 행동하며, 어떻게 관계를 만드는지. 그리고 평범한 우리가 어떻게 그들처럼 될 수 있는지. 솔직히 말하면, 처음엔 나도 '억척스럽다'는 말이 부담스러웠다. 품위 없어 보이고, 돈만 밝히는 사람처럼 보일까 봐. 하지만 이제는 안다. 억척스러움이야말로 부자가 되는 가장 확실한 방법이라는 것을.

왜냐하면 억척스러움은 단순히 '악착같음'이 아니다. 그것은 목표에 대한 간절함이고, 기회를 놓치지 않는 집중력이며, 실패해도 다시 일어서는 회복력이다. 무엇보다 자신과 가족, 그리고 함께 하는 사람들을 위한 책임감이다. 나는 여수로 좌천됐을 때도 포기하지 않았다. 월급 170만 원으로는 절대 내가 원하는 삶을 살 수 없다는 걸 알았기 때문이다. 그래서 억척스럽게 매달렸다. 새벽까지 상품을 등록하고, 주말도 없이 고객 응대를 하며, 실패해도 다시 도전했다.

그 결과가 지금의 나다. 월 매출 3억 원을 만들고, 팀을 꾸리고, 다른 사람들에게 기회를 주는 사람이 되었다. 당신도 할 수 있다. 아니, 해야 한다. 이 땅에서 평범한 사람이 부자가 되는 유일한 방법은 억척스럽게 도전하는 것뿐이니까. 자, 이제 진짜 이야기를 시작해보자. 고상한 척하지 말고, 품위 있는 척하지 말고, 있는 그대로의 억척스러운 부자 되기. 그것이 우리 같은 평범한 사람이 특별해지는 유일한 길이다.

chapter 1

고상하고 우아한 부자는 현실에 없다

"에르메스 같은 걸 들어봤어야 알지."

그 날의 모욕 이후 나는 다짐했다. 나도 부자가 되어 다시는 무시당하지 않겠다고. 3년간 미친 듯이 일했다. 중국 구매대행으로 시작해 로켓그로스까지, 연 매출 100억 원을 달성했다. 그리고 마침내, 청담동 에르메스 매장에 섰다.

"버킨백 보여주세요."

800만 원. 이제 살 수 있었다. 하지만 카드를 꺼내려는 순간, 머릿속에서 계산기가 돌아갔다. '800만 원이면 상품 2,000개... 마진 40%면 3,200만 원... 그걸로 다시 사입하면...' 결국 빈손으로 나왔다. 그때 깨달았다. 나는 명품을 사는 부자가 아니라, 돈이 돈을 버는 구조를 아는 사람이 되어 있었다. 800만 원짜리 가방보다 800만 원이 만들어낼 수익이 더 아름다워 보이는 사람으로 변해 있었다. 진짜 부자의 길은 내가 생각했던 것과 전혀 달랐다.

내가 만나본 진짜 부자들의 7가지 특징

그 이후 나는 진짜 부자들이 어떻게 사는지 관찰하기 시작했다. 내가 거래하는 중국 무역상, 쿠팡 파워셀러들, 온라인 사업으로 성공한 CEO들. 연매출 수백억 원을 넘기는 사람들을 만나며 깨달은 것들이 있다. 그들은 내가 상상했던 '우아한 부자'와는 완전히 달랐다.

1. 그들은 여전히 전쟁 중이다

가장 충격적이었던 건, 이미 시스템을 만들어놓은 부자들도 전혀 여유롭지 않다는 것이었다. 연매출 500억 원 하는 한 사장님은 직원이 200명이 넘는다. 대부분의 업무는 위임했다. 하지만 절대 놓지 않는 것들이 있다.

"신규 거래처 최종 결정? 내가 직접 만나. 핵심 상품 가격 정책? 내가 결정해. 직원 채용 최종 면접? 반드시 내가 봐. 이건 회사의 미래를 좌우하는 일이야."

새벽 2시, 갑자기 전화가 왔다. 중국 공장에서 불량품 5만개가 나왔다는 보고였다. 그는 바로 화상회의를 켰다.

"직원들이 알아서 하게 놔둬야지 왜 직접 나서?"

내가 물었다.

"큰 문제일수록 빨리 개입해야 해. 5만개가 50만개 되기 전에. 그리고 이런 위기 때 직접 나서는 모습을 보여야 직원들도 따라."

또 다른 IT 회사 대표는 이렇게 말했다.

"99%는 위임해. 하지만 1%의 핵심은 절대 안 놔. 투자 결정, 핵심 인재 영입, 신사업 방향. 이건 CEO만 할 수 있는 일이야."

시스템이 완벽해도 리더는 필요하다. 배가 알아서 가도 방향을 정하는 건 선장의 몫이다. 그래서 그들은 휴가 중에도 핫라인을 열어둔다. 위기는 예고하고 오지 않으니까. 그리고 정말 중요한 순간엔 언제든 최전선으로 달려간다.

"편하게 살려고 시스템 만든 게 아니야. 더 큰 일을 하려고 만든 거지."

2. 돈 쓰는 순서가 일반인과 정반대다

일반인의 돈 쓰는 순서는 이렇다.

수입 → 생활비 → 여가비 → 저축 → (남으면) 투자

부자들의 순서는 정반대다.

수입 → 재투자 → 필수 생활비 → (남으면) 소비

내가 아는 한 사장님은 작년에 순익 50억 원을 냈다. 그런데 본인 용돈은 월 300만 원이다. 나머지는? 전부 신규 사업에 재투자했다. "50억 원을 벌었으니까 10억 원쯤 쓰면서 놀아도 되지 않냐"고 물었더니 이렇게 답했다.

"미쳤어? 그 10억 원이면 신규 라인 하나 더 만들 수 있는데. 그럼 내년엔 70억 원을 벌 수 있어. 10억 원 쓰고 50억 원을 버는 것보다 10억 원 투자해서 70억 원을 버는 게 낫지 않아?"

또 다른 예가 있다. 롤스로이스를 타는 어떤 회장님. 그런데 직원들과 회식할 때는 동네 고깃집을 간다. 왜?

"직원 50명이랑 호텔 뷔페 가면 500만 원이야. 고깃집 가면 150만 원. 그 차액 350만 원이면 신입사원 한 달 월급이야. 뭐가 더 가치 있는 투자일까?"

이들에게 소비는 항상 투자 다음이다.

3. 사치품을 사도 관점이 다르다

그렇다고 부자들이 아무것도 안 사는 건 아니다. 비싼 차도 사고, 명품도 산다. 하지만 일반인과 관점이 완전히 다르다. 한 여성 CEO는 에르메스 백을 10개 넘게 갖고 있다. 그런데 그녀의 설명을 들어보니 충격적이었다.

"에르메스 버킨백은 매년 가격이 올라. 5년 전에 산 건 지금 팔면 30% 이익이야. 이거 자산이지, 소비가 아니야. 게다가 VIP 고객 미팅 때 들고 가면 이미지 메이킹도 되고. 일석이조지."

외제차도 마찬가지다. 벤츠 S클래스를 타는 한 사장님의 말이다.

"거래처 사장들이 내 차 보고 회사 규모를 판단해. 에쿠스 타고 가면 '아, 그 정도 회사구나' 하는데, 벤츠 타고 가면 '제법 잘 나가나보네' 해. 그럼 거래 조건도 달라져. 이게 투자야, 투자."

하지만 이런 그들도 점심은 편의점 김밥으로 때운다. 사치품은 철저히 '투자'의 관점에서만 구매한다.

4. 시간의 가치를 극도로 아낀다

부자들이 가장 아까워하는 건 돈이 아니라 시간이다.

"100만 원 아끼려고 1시간 고민하는 건 바보야. 그 1시간에 1,000만 원 버는 일을 찾아야지."

이게 그들의 기본 사고방식이다. 연매출 300억 원 하는 한 대표는 비서 3명, 기사 2명을 고용한다. 인건비만 연 5억 원이 넘는다. 왜?

"내가 운전하는 1시간 동안 못 버는 돈이 얼마인데. 그 시간에 전화 통화하고 기획하면 몇 억 원을 더 벌어. 기사 월급 500만 원? 싸지, 싸."

하지만 정작 중요한 의사결정에는 10시간이고 20시간이고 시간을 쏟는다.

"1억 원짜리 계약? 직원한테 맡겨. 100억 원짜리 계약? 내가 직접 가서 하루 종일 앉아있어도 아깝지 않아."

시간을 돈으로 사되, 큰돈이 걸린 일에는 시간을 아끼지 않는다. 이게 부자들의 시간 철학이다.

5. 숫자에 대한 집착이 장난 아니다

부자들과 대화하다 보면 놀라운 게 있다. 숫자에 대한 기억력이 비정상적으로 좋다는 것.

"작년 3월 15일 매출? 3억 7천 2백 50만 원. 전년 대비 23.7% 상승.", "A 거래처 마진율? 평균 34.6%. 작년엔 35.2%였는데 올해 원자재 값 올라서 떨어졌어.", "2019년 여름 에어컨 판매량? 3,421개. 역대 최고였지." 이런 식이다. '대충' '한' '정도' 같은 애매한 표현은 절대 안 쓴다. 왜 이렇게 숫자에 집착할까? 한 사장님의 설명이 인상적이었다.

"사업은 숫자야. 감으로 하면 망해. 숫자로 말하고, 숫자로 판단하고, 숫자로 결정해야 해. 1원이라도 틀리면 그게 쌓여서 1억 원이 돼."

매일 아침 전날 매출을 확인하고, 매주 주간 리포트를 직접 작성하며, 매달 재무제표를 꼼꼼히 본다. 이게 그들의 일상이다.

6. 겉모습과 속모습의 갭이 크다

인스타그램이나 페이스북을 보면 부자들은 항상 호텔에서 브런치를 먹고, 골프를 치고, 해외여행을 다니는 것 같다. 하지만 현실은?

- **SNS**: 파리 미슐랭 레스토랑 사진
  현실: 사무실에서 컵라면 먹으며 거래처 메일 확인
- **SNS**: 골프장에서 여유로운 라운딩
  현실: 카트 안에서도 전화 통화, 18홀 내내 비즈니스 미팅
- **SNS**: 몰디브 수상 빌라
  현실: 리조트에서도 새벽 4시 기상, 한국 시장 체크

한 CEO는 이렇게 말했다.

"SNS는 마케팅이야. 내가 성공한 이미지를 보여줘야 사람들이 내 제품도 믿고 사지. 하지만 그거 찍는 시간 빼고는 다 일해."

명품 정장을 입고 중요한 미팅에 가지만, 점심은 편의점 김밥. 수십억 원짜리 계약서에 사인하고 나서 중고나라에서 사무용품 흥정. 이게 진짜 부자들의 이중생활이다.

7. 끊임없이 다음을 준비한다

가장 인상적인 특징은 이거다. 아무리 잘 되고 있어도 절대 안

주하지 않는다는 것. 월 매출 100억 원 찍는 회사 대표가 새벽에 일어나 뭘 할까? 신규 아이템 5개를 동시에 테스트하고 있다.

"지금 메인 사업? 3년 안에 경쟁 심해져서 수익률 떨어질 거야. 그전에 다음 먹거리 찾아야지."

이미 성공한 사업이 있는데도 불안해한다. 왜?

"세상이 얼마나 빨리 변하는데. 노키아 봐. 세계 1위였다가 하루아침에 망했잖아. 나도 언제든 그렇게 될 수 있어."

그래서 번 돈의 상당 부분을 신규 사업 테스트에 쓴다. 10개 중 9개가 망해도 1개만 성공하면 된다는 마인드다. 한 사장님은 작년에만 신규 사업 7개를 시도했다. 5개는 망했고, 1개는 본전, 1개가 대박났다. 그 1개로 기존 사업 매출을 넘어섰다.

"가만히 있으면 죽는다. 계속 움직여야 산다."

이게 부자들의 생존 철학이다.

그래서 깨달은 것

부자들을 관찰하며 깨달은 게 있다. 그들은 시스템을 만들어 놓고도 여유롭지 않다. 왜? 더 큰 시스템을 만들고 있으니까. 월 1억 원 버는 시스템을 만들면, 월 10억 원 시스템을 구축하기 시작하고, 직원 10명을 고용하면, 100명의 조직을 설계하기 시작한다. 국내 1위를 하면 해외 진출 준비를 한다. 그들에게 현재란 없다. 오직 더 나은 미래를 위한 투자만 있을 뿐. 누군가는 물을 것이다.

"그럼 대체 언제 행복해?"

한 사장님의 대답이 인상적이었다.

"행복? 나는 매일 행복해. 어제보다 오늘 더 성장했으니까. 내일은 오늘보다 더 성장할 거니까. 이 과정 자체가 행복이야. 골프 치고 놀러 다니는 게 행복이 아니라."

우아함의 재정의

이제 나는 안다. 진짜 부자는 우아하지 않다. 적어도 일반인이 생각하는 그런 우아함은 없다. 대신 다른 우아함이 있다. 10원을 아껴서 1,000만 원을 만드는 우아함. 시스템을 만들어 시간을 창출하는 우아함. 실패를 두려워하지 않고 도전하는 우아함. 겉치레보다 실속을 추구하는 우아함. 이게 진짜 부자들의 우아함이다.

나의 선택

나도 이제 그들처럼 산다. 에르메스 백? 언젠가는 살 것이다. 하지만 투자 가치가 있을 때만. 외제차? 필요하면 산다. 하지만 사업에 도움이 될 때만. 호텔 브런치? 가끔 간다. 하지만 중요한 미팅이 있을 때만. 이제는 시스템이 돌아간다. 직원들이 CS를 처리하고, 재고 관리를 하고, 상품 등록을 한다. 하지만 나는 여전히 바쁘다. 새로운 거래처를 뚫고, 트렌드를 연구하고, 다음 시즌을 준비한다. 시스템을 만들었지만 멈추지 않는다. 오히려 더 큰 그림을 그린다. 월 7억 원에서 10억 원으로, 10억 원에서 100억 원으로. 국내에서 해외로. 온라인에서 오프라인으로.

우아한가? 여전히 아니다. 행복한가? 매우 그렇다. 왜? 성장이 보이니까. 숫자가 증명하니까. 함께 일하는 사람들이 늘어나니까. 부모님이 자랑스러워하시니까. 무엇보다, 다시는 "에르메스 같은 걸 들어봤어야 알지" 같은 말을 듣지 않아도 되니까. 그날의 모욕이 나를 여기까지 오게 했다. 그리고 이제 나는 안다. 진짜 부자는 에르메스를 사는 사람이 아니라, 에르메스를 살 수 있지만 사지 않는 이유를 아는 사람이라는 것을.

당신에게 전하는 말

이 글을 읽는 당신은 어떤 부자를 꿈꾸는가? 솔직히 말하면, 내가 만나본 자수성가 부자 중에 '우아한' 부자는 없었다. 적어도 내가 정의하는 우아함 – 여유롭게 브런치 즐기고, 오후엔 골프 치고, 저녁엔 와인 파티를 즐기는 – 그런 부자는 만나지 못했다. 하지만 이건 어디까지나 내가 만난 부자들의 이야기다. 어딘가에는 정말 우아하게 성공한 사람들도 있을 것이다. 그리고 당신이 그런 부자를 꿈꾼다면, 그것도 충분히 존중한다.

만약 우아한 부자를 꿈꾼다면, 그 길을 가라. 분명 그런 방법도 있을 것이다. 하지만 만약 나처럼 특별할 것 없는 평범한 사람이라면, 나처럼 지금 당장 시작할 수 있는 방법을 찾고 있다면, 억척스러운 길도 나쁘지 않다고 말하고 싶다.

다만 나는 억척스럽게 부자가 되는 길을 선택했다. 무엇보다 이 길을 걸으며 나는 행복하다는 것이다. 매일 성장하는 나를 보며, 조금씩 커가는 사업을 보며, 함께 일하는 사람들이 늘어가는 걸 보며. 이것이 내가 선택한 부자의 길이다. 당신의 선택은 무엇인가?

chapter 2

부자의 사고방식
: 평범함 속의 비범함

이거 아는가? 온라인에서 가장 잘 팔리는 상품들을 분석해보면, 놀라운 공통점이 있다. 겉보기엔 특별할 게 없어 보이는 제품들이다.

- 그냥 베개 ➜ **연 매출 100억 원** (숙면 베개로 재탄생)
- 일반 걸레 ➜ **월 매출 10억 원** (독일 기술 청소포로 변신)
- 평범한 비타민 ➜ **분기 매출 50억 원** (활력 충전 보조제로 포지셔닝)
- 단순한 LED 등 ➜ **연 매출 30억 원** (수험생 집중력 조명으로 마케팅)

처음엔 이해가 안됐다. '이런 평범한 제품이 왜 이렇게 잘 팔리지?' 그러다 깨달았다. 평범함은 제품의 한계가 아니라, 무한한 가능성의 시작점이었다. 왜? 사람들은 '제품 자체'를 사는 게 아니라 '그 제품이 가져다줄 변화'를 사기 때문이다. 이게 첫 번째 원리다.

수세미로 깨달은 진실

타오바오를 둘러보다가 수세미를 발견했다. 가격: 5,900원 (3개입) '흠... 괜찮네. 이거 가져와서 팔아볼까?' 시장 조사를 해봤다. 쿠팡에 이미 비슷한 제품이 넘쳐났다. 그런데 이상한 점을 발견했다. 똑같은 수세미인데 가격이 천차만별이었다.

- **A 셀러:** 7,900원
- **B 셀러:** 9,900원
- **C 셀러:** 39,900원

더 놀라운 건? 39,900원짜리가 가장 잘 팔리고 있었다. "뭐지? 왜 비싼 게 더 잘 팔리지?" 상세페이지를 뜯어봤다. 그리고 깨달았다. 차이는 제품이 아니라 '스토리'에 있었다. 7,900원 수세미: "실리콘 수세미 3개입" 39,900원 수세미: "주방의 숨은 영웅, 설거지 스트레스를 절반으로 줄여주는 마법의 수세미" 같은 수세미. 다른 가치.

LED 슬리퍼가 가르쳐준 교훈

수세미보다 먼저, 나에게 큰 깨달음을 준 제품이 있었다. LED 슬리퍼. 처음 이 제품을 봤을 때 솔직한 내 생각은 "이게 뭐야? 누가 신발에서 빛나는 걸 원하겠나?" 그런데 이미 이 제품으로 월 수천만 원을 버는 사람이 있었다. 나도 도전했다. 결과는 처참한 실패였다. 한 달 판매량이 10개밖에 나오지 않았던 것이다. '왜지? 똑같은 제품인데?' 성공한 셀러의 상세페이지를 다시 봤다. 그리고 충격을 받았다.

내 상세페이지
"LED가 들어간 슬리퍼입니다. 어두운 곳에서 빛납니다."

성공한 셀러
"새벽 수유하는 엄마를 위한 안전 슬리퍼. 아기를 깨우지 않고 조용히 움직일 수 있습니다. 한 걸음 한 걸음이 아기의 숙면을 지켜줍니다."

똑같은 제품이었다. 하지만 보는 눈이 달랐다. 나는 '별 볼 일 없는 제품'이라고 생각했고, 내 생각이 고객에게 그대로 전달됐다. 그는 '꼭 필요한 제품'이라고 믿었고, 그 믿음이 고객에게 전달됐다. 내가 제품을 어떻게 보느냐가 고객이 제품을 보는 방식을 결정한다. 이 깨달음이 모든 걸 바꿨다.

성공하는 사람들의 비밀

이후 나는 성공한 온라인 셀러들을 관찰하기 시작했다. 그들에겐 흥미로운 공통점이 있었다. 바로 한계가 아닌 가능성을 본다는 것이었다.

일반인이 보는 것:

- 평범한 베개 ➡ "베개는 너무 많아. 경쟁 심해."
- 단순한 정리함 ➡ "다이소에도 있는데 누가 비싸게 사?"
- 기본 운동밴드 ➡ "그냥 고무줄이잖아. 별거 아니네."

성공한 셀러가 보는 것:

- 평범한 베개 ➡ "거북목 직장인의 구원자가 될 수 있어!"
- 단순한 정리함 ➡ "미니멀 라이프의 시작점이 되겠네!"
- 기본 운동밴드 ➡ "홈트족 필수템으로 만들 수 있겠다!"

같은 제품, 다른 시선. 중요한 건 제품이 아니라 그 제품을 바라보는 판매자의 마음이었다.

가스레인지 기름때 제거제의 변신

이 원리를 제대로 적용한 사례가 있다. 가스레인지 기름때 제거제. 처음 이 제품을 봤을 때 솔직한 내 생각은 이랬다. "그냥 세제 아니야? 이런 게 팔리나?" 하지만 LED 슬리퍼의 교훈을 떠올렸다. '다시 보자. 다른 각도에서.' 그리고 생각했다.

- 모든 집에 가스레인지가 있다
- 모든 가스레인지는 기름때가 낀다
- 모든 사람이 그걸 닦기 싫어한다

어? 이거 엄청난 제품인데? 마음가짐이 바뀌니 보이는 게 달라졌다.

버전 A (내가 별로라고 생각했을 때)
"기름때 제거 스프레이입니다"
가격: 9,900원 월 판매: 50개

버전 B (가치를 발견한 후)
"설 명절, 2시간 걸리던 가스레인지 청소를 10분으로 단축. 시어머니가 물어보는 비법, 며느리들 사이의 숨은 필수템"
가격: 49,900원 월 판매: 500개

제품은 똑같았다. 내 태도가 바뀌었을 뿐. 내가 이 제품을 '그저 그런 세제'로 봤을 때, 고객도 그렇게 봤다. 내가 '명절 스트레스 해결사'로 봤을 때, 고객도 그렇게 봤다.

불편한 진실: 고객은 이미 다 안다.

"이거 과장 광고 아니야?"

누군가는 이렇게 물을 수 있다. 실제로 수강생 중 한 명이 물었다.

"선생님, 이거 사기 아닌가요? 소비자 기만 같은데…"

잠깐. 사기의 정의가 뭔가?

> 사기 = 없는 걸 있다고 속이는 것
> 가치 창출 = 있는 걸 더 가치 있게 만드는 것

내가 하는 건 후자다. 생각해보라.

- 스타벅스 커피 5,000원 **vs** 편의점 커피 1,500원
- 명품 가방 500만 원 **vs** 일반 가방 5만 원
- 미슐랭 레스토랑 20만 원 **vs** 동네 식당 1만 원

다 사기인가? 아니다. 가치의 차이다. 고객도 안다. 39,900원짜리 수세미가 특별한 마법의 물건이 아니라는 것도. 다이어트 보조제만으론 살이 안 빠진다는 것도. 비싼 화장품이나 저렴한 화장품이나 큰 차이 없다는 것도. 그럼에도 산다. 왜? 누군가 자신의 고민을 이해해주고, 해결 가능성을 보여주니까. "당신의 고민, 제가

알아요. 그리고 여기 도움이 될 만한 게 있어요." 이 메시지가 핵심이다.

더 중요한 사실: 나는 거짓말하지 않는다.

- "이거 쓰면 무조건 깨끗해집니다" (X)
- "청소가 더 편해질 수 있습니다" (O)
- "기적의 수세미입니다" (X)
- "많은 분들이 만족하신 제품입니다" (O)

정직한 가치 전달. 그게 내 원칙이다. 사람들은 제품을 사는 게 아니다. 희망을 산다. 그리고 그 희망에 가격을 매기는 건 시장이 결정한다. 누군가는 5,900원의 가치를 느끼고, 누군가는 39,900원의 가치를 느낀다. 그것도 소비자의 선택이다.

진짜 돈이 되는 5가지 원리

3년간 사업하며 터득한 원리들이다.

원리 1 먼저 당신이 믿어야 한다

제품을 팔기 전에 스스로에게 물어보라. "나는 이 제품이 정말 가치 있다고 믿는가?" 믿지 못한다면 고객도 믿지 않는다. 하지만 진심으로 믿는다면, 그 진심이 전달된다.

내 경험:

- LED 슬리퍼 ➡ "별로야" ➡ 월 10개
- 기름때 제거제 ➡ "이거 진짜 좋아!" ➡ 월 500개

원리 2 평범함 속에서 특별함을 찾아라

모든 제품에는 누군가에게 특별한 이유가 있다.

- 베개? ➡ 누군가에겐 10년 만의 숙면
- 정리함? ➡ 누군가에겐 새 삶의 시작
- 청소도구? ➡ 누군가에겐 시간의 선물

당신의 제품이 누구에게 어떤 의미인지 찾아라.

원리 3 제품이 아닌 변화를 팔아라

사람들은 제품 스펙에 관심 없다. 그 제품이 가져다줄 변화에 관심 있다.

- "이 베개는 메모리폼으로 만들어져서…" (X)
- "내일 아침, 목 통증 없이 일어나는 기분을 아시나요?" (O)

원리 4 가격은 가치의 표현이다

싸게 팔면 싸구려 취급받는다. 적정 가격을 받되, 그만한 가치를 전달하라.

내 경험:

- **처음:** "싸게 팔아야지" ➜ 아무도 안 믿음
- **지금:** "가치만큼 받자" ➜ 프리미엄 인정

원리 5 작은 성공을 쌓아가라

처음부터 대박을 노릴 필요 없다. 한 명의 고객이라도 진짜 만족시켜라. 그 한 명이 열 명을 데려온다.

수세미의 진짜 마법

다시 수세미 이야기로 돌아가자. 5,900원 → 39,900원. 7배가 넘는 가격으로도 잘 팔렸다. 어떻게 했을까?

내가 추가한 가치:

- 단순한 수세미가 아니라 **'주방 스트레스 해결사'**
- 설거지 시간을 절반으로 줄여주는 **'시간 절약 도구'**
- 손 피부를 보호하는 **'뷰티 아이템'**
- 깨끗한 주방을 만드는 **'라이프스타일 제품'**

- 무엇보다 **"주방의 품격을 높이는 프리미엄 수세미"**라는 포지셔닝

비싸서 덜 팔릴 거라 생각할 수 있지만 오히려 '프리미엄'이라는 인식 때문에 더 잘 팔렸다. 이게 수세미의 진짜 마법이다.

연 100억 원 매출을 할 수 있었던 진짜 이유

특별한 능력이 있거나, 천재적인 마케팅 실력이 있어서가 아니다. 다만 하나, 모든 제품에 가치가 있다고 믿는다. 처음엔 나도 그렇지 않았다. "이런 평범한 걸 누가 사?" 생각했다. 하지만 지금은 안다. 세상에 가치 없는 제품은 없다. 단지 그 가치를 아직 발견하지 못했을 뿐이다.

- LED 슬리퍼 ➡ 새벽 수유맘의 필수품
- 기름때 제거제 ➡ 명절 스트레스 해결사
- 평범한 베개 ➡ 불면증 해결의 시작
- 단순한 수세미 ➡ 주방 스트레스를 줄이는 작은 영웅

내가 먼저 그 가치를 믿었고, 고객도 믿게 됐다. 이게 내가 배운 돈을 벌 수 있는 가장 확실한 진리다.

당신에게 전하는 메시지

혹시 지금도 이렇게 생각하는가? "내 제품은 별 볼 일 없어...", "이런 평범한 걸 누가 사?", "경쟁이 너무 심해서..." 그렇다면 다시 보라. 다른 각도에서, 다른 마음으로. 당신이 별 볼 일 없다고 생각하는 그 제품이 누군가에겐 꼭 필요한 해결책일 수 있다. 문제는 제품이 아니다. 제품을 바라보는 당신의 시선이다.

당신이 먼저 믿으면, 세상도 믿는다. 이 원리 하나만 기억해도 당신의 사업은 완전히 달라질 것이다. 평범한 것에서 비범함을 보는 눈. 그것이 성공하는 사업가의 첫 번째 자질이다.

chapter 3

월 100만 원 수익 만들기

"이번 달도 똑같네…"

통장을 확인할 때마다 드는 생각이다. 월급날 들어온 돈이 다음 월급날 전에 거의 다 사라진다. 매달 같은 패턴의 반복. 월급은 오르지 않는데 물가는 계속 오른다. 나도 그랬다. 월급 170만 원, 안정적이라고 했지만, 안정적으로 가난했다. 숨만 쉬어도 170만 원이 나간다고 했던 그때. 매달 같은 금액이 들어오고, 같은 금액이 나가고, 1년이 지나도 통장 잔고는 제자리였다. '이대로 10년, 20년을 살아야 하나?' 막막했다. 공무원이니까 정년까지는 보장되겠지만, 그게 다였다. 부모님께 용돈 한번 제대로 드리기 힘들고, 친구들과 만나는 것도 부담스러웠다.

이대로는 안 되겠다 싶었다. 뭔가 다른 수입이 필요했다. 하지만 어떻게? 무엇으로? 돈이 없는데? 그렇게 종잣돈 만들기부터 시작했다. 종잣돈 만들기부터. 이 챕터에서는 내가 월급쟁이에서 연매출 100억 원 사업가가 되기까지의 과정 중 가장 중요한 첫 단계를 공유하려 한다. 바로 '월 100만 원의 수익 만들기'다. 왜 100만 원인가? 0원에서 100만 원이 가장 어렵기 때문이다. 그리고 100만 원을 만들 수 있다면, 1,000만 원도 가능하다는 것을 증명하는 것이기 때문이다. 자, 시작해보자. 당신도 할 수 있다.

1. 종잣돈 만들기

왜 종잣돈이 필요한가

"디노, 나 돈이 없어서 사업 못해."

내가 가장 많이 듣는 말이다. 그럴 때마다 나는 이렇게 되묻는다.

"그럼 평생 돈이 없을 건가요?"

종잣돈은 단순한 '시작 자금'이 아니다. 그것은 당신의 미래를 바꿀 '변화의 씨앗'이다. 나무가 자라려면 씨앗이 필요하듯, 부자가 되려면 종잣돈이 필요하다. 하지만 여기서 중요한 건, 종잣돈의 크기가 아니라 '존재 여부'다. 1만 원이든 100만 원이든, 시작할 수 있다는 것 자체가 중요하다.

종잣돈의 진짜 의미: 잃어도 되는 돈

여기서 짚고 넘어가야 할 것이 있다. 종잣돈은 '잃어도 되는 돈'이어야 한다. 생활비? 안 된다. 비상금? 절대 안 된다. 아이 학원비? 미쳤나. 노후 자금? 말도 안 된다. 종잣돈은 최악의 경우 전부 날려도 당신의 생활에 타격이 없는 돈이어야 한다. 왜? 사업은 실패할 수 있으니까. 아니, 처음엔 실패할 확률이 더 높으니까. 내가 처음 시작할 때 가진 200만 원도 그랬다. 날려도 되는 돈이었다. 물론 아까웠겠지만, 생활이 무너지지는 않을 돈. 그래서 과감하게 도전할 수 있었다. 만약 당신이 "이 돈 없으면 다음 달 월세를 못 내는데…"라고 생각한다면? 그 돈으로 사업을 하기보다 먼저 안정적인 생활 자금을 확보하는 게 좋다.

종잣돈은 사실 없어도 된다, 단…

사실 종잣돈이 없어도 돈을 벌 수는 있다. 댓글 알바, 배달, 대리운전… 내가 공무원 시절 했던 것처럼 말이다. 건당 50원짜리 댓글 알바로 하루 만 원을 벌던 시절이 있었다. 휴대폰으로 하루 종일 댓글만 달았다. 손가락이 아팠고, 눈이 침침했다. 그렇게 한 달을 해서 번 돈이 거우 17만 원. 하지만 이건 '시간을 파는 일'이다.

시간을 팔면 어떻게 될까? 내가 일하지 않으면 수입이 0원이 된다. 아프면? 0원. 휴가 가면? 0원. 잠자는 동안? 당연히 0원이다. 이런 방식으로는 절대 부자가 될 수 없다. 평생 시간의 노예로 살아야 한다.

가치를 파는 일은 돈이 일하게 하는 것

우리가 진짜 해야 할 일은 '가치를 파는 것'이다. 2장에서도 말했지만, 가치를 판다는 것은 내 시간을 직접 투여하지 않아도 돈이 들어오는 구조를 만드는 것이다. 내가 만든 상품이 24시간 팔린다. 내가 자는 동안에도 주문이 들어온다. 내가 구축한 시스템이 자동으로 돌아간다. 내가 영화 보는 동안에도 돈이 들어온다. 내가 투자한 돈이 돈을 번다. 내가 휴가를 가있어도 수익이 쌓인다. 이게 바로 '돈이 일하게 하는 것'이다. 그리고 이를 위해서는 반드시 종잣돈이 필요하다. 상품을 만들려면 재료비가 들고, 시스템을 구축하려면 초기 투자가 필요하며, 광고를 하려면 광고비가 든다.

"그럼 결국 돈 있는 사람만 부자 되는 거 아니야?"

아니다. 종잣돈을 '만들면' 된다.

관점을 바꾸면 돈이 보인다

대부분의 사람들은 이렇게 돈을 관리한다.

수입 − 고정지출 − 변동지출 = 저축/투자

월급 300만 원에서 월세 80만 원, 식비 50만 원, 교통비 20만 원, 통신비 10만 원, 보험료 30만 원, 대출 이자 20만 원, 의류비 20만 원, 기타 생활비 20만 원… 이렇게 빼고 나면 기껏해야 50만 원이 남는데, 그나마도 친구 결혼식 가면 끝이다.

이제 관점을 180도 바꿔보자. 먼저 목표를 정한다. "6개월 후 종잣돈 500만 원" 그럼 매달 약 85만 원이 필요하다. 현재 저축 가능액이 50만 원이라면? 35만 원이 부족하다. 이제 선택이다. 지출을 35만 원 줄이든가, 수입을 35만 원 늘리든가. 나는 두 가지를 다 했다. 핸드폰 요금제를 바꾸고, 쓸데없는 구독 서비스를 정리했다. 외식을 줄이고, 택시 대신 대중교통을 이용했다. 하지만 무작정 아끼지는 않았다. 삶의 질이 떨어지면 지속할 수 없으니까. 그리고 추가 수입을 만들었다. 주말에는 투잡을 뛰었고, 퇴근 후에는 부업을 했다. 댓글 알바부터 시작해서 제휴 마케팅, 그리고 결국 중국 구매대행까지. 창피했냐고? 전혀. 그게 내 시작이었고, 그 덕분에 지금의 내가 있다.

필요하다면 시간을 팔아도 된다

종잣돈을 만드는 과정에서는 시간을 파는 일을 해도 된다. 아니, 해야 한다. 왜 모순적인 말을 하느냐고? 이건 '임시'이기 때문이다. 종잣돈을 만들기 위한 한시적 희생이다. 평생 시간을 팔면 안 되지만, 종잣돈을 만들기 위해 6개월, 1년 정도는 시간을 팔아도 된다.

이미 종잣돈이 있는 사람이라면? 축하한다. 하지만 안주하지 마라. 종잣돈을 '만드는 과정'에서 배우는 것들이 있다. 목표를 위해 희생하는 법, 작은 돈도 소중히 여기는 자세, 추가 수입을 만드는 창의력. 이런 경험들이 나중에 사업할 때 큰 자산이 된다.

2. 월 100만 원 수익 만들기
가치를 파는 것: 시간은 처음에만 투자한다

자, 이제 종잣돈이 생겼다. 300만 원이든 500만 원이든, 시작할 준비가 됐다. 하지만 여기서 중요한 건, 이 돈으로 '시간을 파는 사업'을 하면 안 된다는 것이다. 내가 직접 배달하는 배달 대행, 내가 직접 운전하는 렌터카 사업, 내가 직접 서빙하는 카페. 이런 건 사업이 아니라 '자영업'이다. 내가 일하지 않으면 수입이 없다. 우리가 해야 할 건 시스템이 돌아가는 사업이다. 처음에는 시간을 투자해야 한다. 하지만 한 번 시스템을 만들어 놓으면, 내 시간 투자는 최소화되고 수익은 계속 들어온다.

2021년 6월, 나는 여수로 유배된 공무원이었다. 월급 170만 원. 관사 방 한 칸에서 노트북 하나로 시작했다. 종잣돈은 겨우 200만 원. 중국 구매대행을 시작했다. 처음엔 하루 3-4시간씩 투자했다. 퇴근 후 새벽까지 상품을 찾고, 등록하고, 관리했다. 첫 달 매출 30만 원, 순이익 6만 원. 시간당으로 따지면? 웃기는 수준이었다. 차라리 편의점 알바가 나았을 것이다. 하지만 나는 알고 있었다. 이건 시간을 파는 게 아니라 시스템을 만드는 과정이라는 것을.

둘째 달 매출 300만 원, 순이익 60만 원. 셋째 달 매출 1,000만 원, 순이익 350만 원. 6개월 만에 월 순이익 1,000만 원을 달성했다. 그리고 놀라운 일이 일어났다. 내가 투자하는 시간은 줄어들었는데, 수익은 계속 늘어났다. 지금은? 하루 30분이면 충분하다. 광고 체크 10분, 재고 확인 10분, 매출 확인 10분. 나머지는 시스템이 알아서 한다.

왜 하필 월 100만 원인가

월 100만 원은 상징적인 숫자다. 첫째, 심리적 전환점이다. 월 100만 원을 벌어본 사람은 안다. 그 짜릿함을. "내가 만든 시스템이 돈을 번다"는 확신. 이게 바로 부자의 시작이다. 둘째, 확장 가능성의 증명이다. 월 100만 원을 만들 수 있다면, 1,000만 원도 가능하다. 같은 시스템을 10배로 확장하면 되니까. 실제로 나도 그랬다. 셋째, 생존의 기본선이다. 월 100만 원이면 최소한의 생활비는 충당된다. 이제 더 큰 도전을 할 여유가 생긴다.

종잣돈의 의미: 실패를 감당할 수 있는 여유

여기서 다시 한 번 종잣돈의 의미를 짚고 넘어가자. 종잣돈은 가치를 만드는 과정에서 실패하면 없어질 수도 있는 돈이다. 그래서 '잃어도 되는 돈'이어야 한다고 했다. 내가 처음 구매대행을 시작할 때도 그랬다. 200만 원을 다 날릴 수도 있다는 각오를 했다. 실제로 처음 몇 달은 적자였다. 프로그램 사용료, 샘플 구매비, 광고비... 나가는 돈은 많은데 들어오는 돈은 적었다. 하지만 포기하지 않았다. 왜? 이 돈은 애초에 '투자금'이었으니까. 날려도 되는 돈이었으니까. 그리고 월 100만 원 수익이 나오기까지는 시간이 걸린다. 최소 6개월은 덤벼야 한다. 첫 달에 포기하면 안 된다. 둘째 달에 "역시 안 되나봐"라고 생각하면 안 된다.

6개월. 이 기간 동안은 무조건 버티고 개선하고 도전해야 한다. 그래야 결과를 볼 수 있다.

3. 월 100만 원 유지하고 키우기

첫 100만 원이 가장 어렵다

솔직히 말하자. 0원에서 100만 원 만들기가 가장 어렵다. 100만 원에서 1,000만 원은? 의외로 쉽다. 왜일까? 이미 시스템이 있고, 무엇이 통하는지 알며, 자신감이 생겼기 때문이다. 이제 필요한 건 '유지'와 '확장'이다.

수익 유지의 첫 번째 원칙: 재투자

월 100만 원 벌었다고 다 쓰지 마라. 최소 50%는 재투자하라. 나는 처음 6개월간 번 돈의 80%를 재투자했다. 광고비를 늘리고, 신상품을 개발하며, 시스템을 업그레이드했다. 그 결과? 월 100만 원이 월 1,000만 원이 됐다. 주변에서는 미쳤다고 했다. "그 돈으로 차라리 맛있는 거 먹고, 옷 사 입어라." 하지만 나는 알고 있었다. 지금 쓰는 100만 원보다 1년 후의 1,000만 원이 더 가치 있다는 것을.

다각화로 리스크를 줄여라

한 우물만 파면 위험하다. 잘 팔리던 상품도 어느 날 갑자기 안 팔릴 수 있다. 경쟁자가 나타나거나, 트렌드가 바뀌거나, 시즌이 끝나거나. 그래서 나는 항상 10-20개의 상품을 동시에 운영한다. 그중 2-3개만 잘 팔려도 월 100만 원은 충분히 유지된다. 5개가 잘 팔리면? 월 300만 원이다. 채널도 다각화했다. 쿠팡, 네이버, 11번가, 지마켓… 한 곳에서 문제가 생겨도 다른 곳에서 커버가 된다. 수익원도 다각화했다. 판매 수익뿐만 아니라 제휴 마케팅, 광고 수익도 만들었다. 계란을 한 바구니에 담지 않는 것. 기본 중의 기본이다.

개선은 일상이 되어야 한다

현상 유지는 퇴보다. 매달 무언가를 개선하라. 상품 페이지를 조금 더 매력적으로 만들고, 고객 응대를 조금 더 친절하게 하며, 배송 속도를 조금 더 빠르게 하라. 1%씩만 개선해도 1년이면 37배가 된다. 복리의 마법이다. 나는 매주 일요일 저녁, 한 주를 돌아보며 개선점을 찾는다. 이번 주에 가장 많이 팔린 상품은 무엇인가? 왜 잘 팔렸을까? 반대로 안 팔린 상품은? 무엇이 문제였을까? 작은 개선이 쌓여서 큰 변화를 만든다. 그렇게 월 100만 원이 300만 원이 되고, 300만 원이 1,000만 원이 된다.

함정을 피하는 법

세 가지 함정이 있다. 첫째, 성급한 확장. "월 100만 원 됐으니 바로 1,000만 원 가자!" 아니다. 기초를 다져라. 최소 3개월은 100만 원을 유지하고 나서 확장하라. 둘째, 안주하는 마음. "월 100만 원이면 충분해." 충분할 수 있다. 하지만 시장은 변하고 경쟁자는 늘어난다. 안주하면 도태된다. 셋째, 혼자 다 하려는 욕심. "내가 다 할 수 있어." 할 수 있다. 하지만 그럼 다시 시간을 파는 거다. 위임하고, 자동화하고, 시스템화하라.

돈이 돈을 버는 구조로

월 100만 원이 안정되면, 이제 진짜 게임이 시작된다. 수익의 50%를 광고비로 재투자한다. 광고가 더 많은 고객을 데려온다. 20%를 신상품 개발에 쓴다. 새로운 수익원이 생긴다. 30%만 개인적으로 사용한다. 그것도 자기계발에 우선 투자한다. 이렇게 하면 돈이 돈을 번다. 내가 일하지 않아도 시스템이 돌아간다. 내가 자는 동안에도 주문이 들어온다. 이게 바로 부자의 삶이다.

chapter 4

연매출 100억 원을 만드는 전략과 시스템

"디노님, 월 3억 원 가는데 얼마나 걸렸어요?"

자주 받는 질문이다. 내 대답은 항상 사람들을 놀라게 한다.

"월 100만 원에서 1,000만 원 가는 것보다 빨랐어요."

믿기 어렵겠지만 사실이다. 0원에서 월 100만 원까지 6개월, 월 100만 원에서 1,000만 원까지 3개월, 그리고 월 1,000만 원에서 100억 원까지? 고작 2년이었다. 어떻게 가능했을까? 바로 '부의 가속도 법칙' 때문이다. 자전거를 치음 탈 때를 생각해보라. 처음 페달을 밟을 때가 가장 힘들다. 하지만 일단 속도가 붙으면? 적은 힘으로도 빠르게 나아간다. 돈도 마찬가지다. 한 번 궤도에 오르면 가속도가 붙는다.

하지만 모두가 이 가속도를 탈 수 있는 건 아니다. 많은 사람들이 월 100만 원에서 멈춘다. 월 1,000만 원까지 간 사람도 거기서 정체된다. 왜일까? 전략과 시스템이 없기 때문이다. 나는 운이 좋았다고 생각했다. 하지만 돌이켜보니 운이 아니었다. 나도 모르게 전략을 세웠고, 시스템을 만들었다. 그것이 부의 가속도를 탈 수 있게 해줬다.

전략이란 무엇인가

전략을 한마디로 정의하면 이렇다. "어떻게 이길 것인가에 대한 선택" 많은 사람들이 전략을 거창하게 생각한다. 대기업이나 하는 것, 컨설턴트나 아는 것이라고. 아니다. 길거리 떡볶이 장사에도 전략이 있다. 학교 앞 떡볶이 집 사장님의 전략은 뭘까? "학생들이 좋아하는 달콤한 맛으로 승부한다." 이게 전략이다. 그래서 어른들이 좋아하는 매운맛은 포기한다. 재료비가 좀 더 들어도 양을 많이 준다. 학생들은 양을 중요하게 보니까. 내 전략은 뭐였을까? 처음부터 명확했다.

"남들이 안 하는 걸 한다."

왜? 나는 자본도 없고, 경험도 없고, 인맥도 없었다. 남들과 같은 걸 하면 질 수밖에 없었다. 그래서 남들이 안 하는 걸 찾았다. '닭털 뽑는 기계, 알루미늄 비계, 정자…' 이상한 상품들이었지만, 그래서 좋았다. 경쟁자가 없었으니까. 검색량은 적어도 전환율은

높았다. 광고비도 적게 들었다. 마진율은 40%가 넘었다. 전략은 복잡한 게 아니다. "나는 이렇게 이길 거야"라는 한 문장이면 충분하다.

전략과 계획의 차이

전략과 계획을 혼동하는 사람이 많다. 나도 그랬다. 하지만 완전히 다르다. 계획은 "무엇을 할 것인가"다. 전략은 "어떻게 그것을 통하게 할 것인가"다. 예를 들어보자.

계획	전략
"3개월 안에 상품 100개를 등록하겠다."	"남들이 취급하지 않는 대형 상품으로 차별화하겠다."
"6개월 안에 월 매출 1억을 달성하겠다."	"고마진 상품에 집중해서 광고비를 감당하겠다."

계획은 할 일의 목록이다. 전략은 이길 수 있는 이유다. 많은 사람들이 계획만 세운다. "열심히 하면 되겠지"라고 생각한다. 하지만 열심히 한다고 이기는 게 아니다. 방향이 잘못되면 열심히 할수록 더 빨리 망한다. 반대로 전략만 있고 계획이 없으면? 그것도 문제다. "차별화하겠다"는 좋은데, 구체적으로 뭘 어떻게 할 건지가 없으면 실행이 안 된다. 전략이 나침반이라면, 계획은 지도다. 둘 다 필요하다. 하지만 순서가 중요하다. 전략을 먼저 정하고,

그에 맞는 계획을 세워야 한다.

전략이 없으면 일어나는 일

전략 없이 사업하면 어떻게 될까? 내가 본 수많은 실패 사례가 있다. A씨는 나와 비슷한 시기에 온라인 판매를 시작했다. 부지런했다. 하루에 상품을 20개씩 등록했다. 나보다 훨씬 많았다. 6개월 후, 그는 상품 3,000개를 등록했다. 나는 300개였다. 하지만 매출은? 그는 월 300만 원, 나는 월 3,000만 원이었다. 왜? 그에게는 전략이 없었다. 그냥 "많이 올리면 많이 팔리겠지"라고 생각했다. 팔리는 상품을 아무거나 따라했다. 경쟁자가 10명인 상품도 올리고, 마진율 10%인 상품도 올렸다.

결과적으로 3,000개 중 제대로 팔리는 건 10개도 안 됐다. 나머지는 관리만 힘들었다. 광고비는 많이 들었지만 마진이 없어서 적자였다. 전략이 없으면 노력이 헛된다. 방향 없는 노력은 제자리걸음이다. B씨는 더 안타까웠다. 자본이 꽤 있었다. 5,000만 원으로 시작했다. 잘 팔리는 상품을 대량으로 사입했다. 광고도 펑펑 썼다. 그러자 3개월 만에 돈이 다 떨어졌다. 왜? 가격 경쟁에 휘말렸기 때문이다. 똑같은 상품을 파는 셀러가 100명이었다. 계속 가격을 내려야 했다. 마진은 사라졌고, 재고만 쌓였다. "차별화된 상품으로 가격 경쟁을 피한다"는 전략이 있었다면? 결과는 달랐을 것이다.

시스템이란 무엇인가

시스템을 한마디로 정의하면 이렇다. "내가 없어도 돌아가는 구조" 처음엔 이해하기 어려웠다. 내 사업인데 내가 없어도 된다고? 말이 되나? 하지만 월 1,000만 원을 넘어서면서 깨달았다. 내가 모든 걸 하면 성장에 한계가 있다. 내 시간은 하루 24시간뿐이니까. 시스템은 거창한 게 아니다. 맥도날드를 생각해보라. 전 세계 어느 매장을 가도 감자튀김 맛이 같다. 왜? 시스템이 있으니까. 감자 써는 방법, 기름 온도, 튀기는 시간, 소금 뿌리는 양까지 다 정해져 있다. 내 사업도 마찬가지다. 처음엔 모든 걸 내가 했다. 상품 찾고, 등록하고, 광고 관리하고, CS 처리하고... 하루 종일 일해도 시간이 모자랐다. 그래서 하나씩 시스템을 만들기 시작했다.

상품 소싱 시스템	어떤 기준으로 상품을 고르는지 문서화했다. 검색량 1,000-10,000, 경쟁 상품 50개 이하, 예상 마진율 40% 이상...
상품 등록 시스템	사진은 몇 장, 어떤 각도로, 상품명은 어떤 순서로, 상세 설명은 어떤 구성으로...
고객 응대 시스템	자주 묻는 질문 100개와 답변, 클레임 종류별 대응 방법, 환불 기준...

이렇게 만들어두니 신기한 일이 일어났다. 직원을 뽑았을 때, 일주일만 교육하면 나와 비슷한 수준으로 일을 처리했다. 내가 없어도 주문은 처리되고, 상품은 등록되며, 고객은 응대받았다. 이게

시스템의 힘이다.

맡기기 vs 위임 vs 시스템 만들기

여기서 중요한 구분이 필요하다. 많은 사람들이 '시스템'이라고 착각하는 것들이 있다.

단순히 맡기기

"이거 좀 해줘."

처음 직원을 뽑았을 때 나도 이랬다. 바쁘니까 아무거나 던져줬다. "상품 좀 등록해줘", "CS 좀 처리해줘", "광고 좀 봐줘"... 결과는? 재앙이었다. 직원은 어떻게 해야 할지 몰라서 계속 물어봤다. "이건 어떻게 하죠?", "이런 경우는요?", "이게 맞나요?" 결국 내가 다시 해야 했다. 오히려 더 시간이 걸렸다. 가르치는 시간, 확인하는 시간, 수정하는 시간... 맡기기 전보다 더 바빴다. 단순히 맡기는 건 시스템이 아니다. 그냥 일을 떠넘기는 것뿐이다.

위임하기

위임은 다르다. 권한과 책임을 함께 주는 것이다. "상품 등록은 네가 책임져. 기준은 이거야. 결과는 매주 보고해." 위임할 때는 What(무엇을)과 Why(왜)를 명확히 한다. How(어떻게)는 어느 정도 자율성을 준다. 그래야 직원도 성장하고, 나도 시간이 생긴다.

내가 처음 제대로 위임한 건 광고 관리였다. 직원에게 월 광고비 1,000만 원을 맡겼다. 목표 ROAS(광고수익률) 500%만 지키면 세부 운영은 자유롭게 하라고 했다. 처음엔 불안했다. 하지만 한 달 후, 그 직원이 ROAS 600%를 만들어왔다. 내가 하던 것보다 좋았다. 왜? 그 일에만 집중할 수 있었으니까. 위임은 단순히 맡기는 것보다 낫다. 하지만 여전히 사람에 의존한다. 그 직원이 그만두면? 다시 원점이다.

시스템 만들기

진짜 시스템은 이렇다. "누가 와도 같은 결과를 낼 수 있는 구조" 시스템은 매뉴얼 + 도구 + 프로세스 + 피드백의 조합이다. 예를 들어, 내 상품 등록 시스템은 이렇다.

1. **매뉴얼:** 50페이지 분량의 상세 가이드. 스크린샷과 함께 단계별 설명.
2. **도구:** 상품명 자동 생성기, 이미지 일괄 편집 프로그램, 가격 계산 스프레드시트.
3. **프로세스:** 체크리스트 방식. 완료하면 체크, 문제 있으면 표시.
4. **피드백:** 매일 등록 현황 자동 리포트. 문제 상품 자동 알림.

이 시스템이 있으니 신입이 와도 3일이면 혼자 일한다. 실수도 거의 없다. 왜? 시스템이 실수를 막아주니까. 더 중요한 건, 시스템은 계속 개선된다는 것이다. 직원들이 "이렇게 하면 더 좋겠어요"라고 제안한다. 그럼 시스템에 반영하면, 시스템은 더 진화한다. 사람은 바뀌어도 시스템은 남는다. 그리고 더 좋아진다. 이게 진짜 자산이다.

시스템과 프로세스의 차이

시스템과 프로세스도 자주 혼동된다. 비슷해 보이지만 다르다. 프로세스는 "일하는 순서"다. 시스템은 "자동으로 돌아가는 전체 구조"다. 예를 들어보자.

프로세스

주문 확인 → 재고 확인 → 출고 지시 → 배송 처리 시스템

주문이 들어오면 자동으로 재고가 확인되고, 출고 지시가 내려가며, 고객에게 배송 안내가 간다.

프로세스는 사람이 따라야 할 매뉴얼이다. 시스템은 매뉴얼을 넘어서 자동화, 표준화, 최적화가 된 상태다. 처음엔 프로세스를 만든다. 그다음 그 프로세스를 자동화한다. 그러면 시스템이 된다. 내 경우를 보자. 처음엔 주문이 들어오면 수동으로 확인했다. 엑셀에 기록하고, 중국 사이트에서 주문하고, 고객에게 메일 보내고…

프로세스는 있었지만 전부 수동이었다. 지금은? 주문이 들어오면 자동으로 엑셀에 기록된다. 재고가 있으면 바로 출고 지시가 간다. 고객에게는 자동으로 주문 확인 메시지가 간다. 내가 할 일은 하루 한 번 전체 현황을 확인하는 것뿐이다. 프로세스에서 시스템으로 진화하는 것. 이것이 월 100만 원에서 연매출 100억 원으로 가는 비결이다.

시스템이 없으면 일어나는 일

시스템 없이 성장하려고 하면 어떻게 될까? 나도 겪었고, 주변에서도 많이 봤다. 월 매출 5,000만 원까지는 혼자서도 가능하다. 열심히 하면 된다. 하지만 그 이상은? 불가능하다. 왜? 시간이 모자라니까. C씨는 월 매출 8,000만 원까지 갔다. 혼자서 대단한 성과였다. 하지만 거기서 멈췄다. 아니, 오히려 줄어들기 시작했다. 이유는 간단했다. 너무 바빠서 신규 상품을 못 올렸다. 기존 상품 관리하기도 벅찼다. 고객 응대가 늦어졌다. 광고 관리를 소홀히 했다. 악순환이었다.

결국 번아웃이 왔다. 6개월 만에 월 매출은 3,000만 원으로 떨어졌다. 직원을 뽑으려 했지만, 뭘 어떻게 가르쳐야 할지 몰랐다. 모든 게 그의 머릿속에만 있었으니까. 시스템이 없으면 성장에 한계가 있다. 그리고 그 한계에서 무너진다.

반면 D씨는 달랐다. 월 매출 3,000만 원일 때부터 시스템을 만들기 시작했다. 시간이 걸렸다. 매뉴얼 만들고, 프로세스 정리하고, 자동화 도구 찾고... 단기적으로는 손해였다. 그 시간에 상품을 더 올렸으면 매출이 더 올랐을 테니까. 하지만 6개월 후, 그는 직원 3명과 함께 월 매출 2억 원을 찍고 있었다. 시스템의 유무. 그것이 월 천만 원에서 멈추느냐, 월 억 원대로 가느냐를 결정한다.

내가 체감한 전략과 시스템의 시너지

전략과 시스템은 따로 노는 게 아니다. 함께 갈 때 진짜 힘을 발휘한다. 내 전략은 "남들이 안 하는 걸 한다"였다. 이 전략을 시스템화하면 어떻게 될까? 먼저, 상품 발굴 시스템을 만들었다.

- 검색량 1,000 이하인데 꾸준히 검색되는 키워드 추출
- 경쟁 강도 10 이하인 카테고리 내에서 키워드 필터링
- 단가 5만 원 이상, 부피 큰 상품 우선순위

이 시스템에 따라 직원들도 상품을 찾기 시작했다. 나와 똑같은 기준으로. 그 결과? 한 달에 찾는 상품이 10개에서 100개로 늘었다. 다음은 운영 시스템이다.

- 대형 상품 전문 배송업체와 계약
- 조립 설명서 제작 프로세스 구축

- 설치 관련 CS 대응 매뉴얼 작성

이렇게 하니 "남들이 안 하는 것"이 나만의 강점이 됐다. 경쟁자가 따라오려 해도 쉽지 않았다. 시스템이 없으니까. 전략이 방향을 정하고, 시스템이 속도를 낸다. 이 둘이 만나면 부의 가속도가 생긴다. 월 100만 원에서 1,000만 원으로, 1,000만 원에서 1억 원으로, 1억 원에서 3억 원으로. 각 단계를 넘을 때마다 전략을 점검하고 시스템을 업그레이드했다. 지금도 마찬가지다. 연매출 100억 원을 넘어섰지만, 여전히 전략을 다듬고 시스템을 개선한다. 그래야 다음 단계로 갈 수 있으니까.

마지막으로

부의 가속도는 실재한다. 하지만 저절로 타는 게 아니다. 전략과 시스템이라는 엔진이 있어야 한다. 전략 없이 열심히만 하면? 제자리걸음이다. 시스템 없이 혼자만 하면? 한계에 부딪힌다. 하지만 전략과 시스템이 있으면? 월 100만 원이 1,000만 원이 되고, 1,000만 원이 100억 원이 된다. 더 빠르게, 더 쉽게.

지금 당신의 선택은 무엇인가? "열심히 하겠다"는 전략이 아니다. "어떻게 이길 것인가"를 정하라. 지금 당신의 시스템은 무엇인가? "나중에 만들겠다"고 미루지 마라. 지금 당장, 하나씩 만들어라. 그리고 기억하라. 단순히 맡기는 것과 시스템을 만드는 것은 하늘과 땅 차이다. 시스템이 있어야 진짜 자유가 온다. 전략과 시스템. 이 두 가지만 있으면 당신도 부의 가속도를 탈 수 있다.

    나도 했다. 당신도 할 수 있다.

chapter 5

부자의 언어 배우기

"쿠팡에서 뭐 파세요?"

한 사장님이 캐주얼하게 물었다. 나는 자랑스럽게 대답했다.

"생활용품이랑 소형 가구요. 월 매출 3억 원 정도 나와요!"

"중국에서 가져오시나요?"

"네, 맞아요."

"평균 객단가가 얼마나 되세요?"

"4만 원 정도요."

그는 고개를 끄덕이더니 갑자기 말했다.

"그럼 순익은 한 8천에서 1억 원 정도 되시겠네요?"

순간 커피를 마시다가 사례가 들릴 뻔했다. 어떻게 알았지? 매출과 객단가만 들었는데 내 통장 잔고를 맞춰버렸다.

"네... 맞아요. 어떻게 아셨어요?"

그는 미소를 지으며 설명했다. "생활용품에 소형 가구면 원가율이 35-40% 정도고, 쿠팡 수수료랑 물류비 합쳐서 18%, 광고비는 매출의 15% 정도 쓰실 거예요. 월 3억 원이면 계산이 나오죠."

단 세 가지만 물어보고 내 수익 구조를 꿰뚫어 봤다. 그때 깨달았다. 이게 바로 부자들의 대화 방식이구나. 그들은 단순히 숫자를 계산하는 게 아니었다. 세상을 보는 언어 자체가 달랐다.

그들은 본질을 꿰뚫는다

더 놀라운 건 그다음이었다. 그분은 온라인 커머스와는 전혀 상관없는 제조업을 하시는 분이었다. 그런데 이런 조언을 하셨다.

"쿠팡은 광고 의존도가 높아서 위험해요. 광고비 단가가 오르면 수익이 바로 깎이죠. 그리고 중국 직수입은 환율 리스크가 있고, 반품률이 높으면 치명적이에요. 아, 그리고 요즘 쿠팡이 반품 정책 바꿨던데, 그거 대비는 하고 계신가요?"

나보다 내 사업을 더 잘 알고 있었다. 심지어 나도 몰랐던 쿠팡 정책 변경까지 알고 있었다.

"어떻게 이런 것까지 아세요? 이쪽 사업 하신 적 있으세요?"

"아니요. 하지만 비즈니스의 본질은 다 똑같아요. 플랫폼 의존도, 수수료 구조, 리스크 관리... 업종이 달라도 핵심은 같죠. 그리고 항상 공부해요. 요즘 핫한 비즈니스가 뭔지, 어떤 변화가 있는지."

부자들은 자기 분야만 아는 게 아니었다. 비즈니스의 본질을 이해하고 있었기에, 어떤 사업이든 핵심을 바로 파악했다. 마치 X-ray로 들여다보듯이.

그들은 사람을 순식간에 파악한다

내가 가장 존경하는 선배 사업가가 있다. 연 매출 500억 원대 회사를 운영하시는 분인데, 누구에게나 친절하고 상냥하다. 처음엔 '저분은 사람을 너무 쉽게 믿는 거 아닌가' 싶었다. 하지만 시간이 지나며 알게 됐다. 그분은 모든 사람에게 기회를 주지만, 사람을 분류하는 기준이 무섭도록 명확했다. 한번은 그분과 미팅이 끝나고 나서 물어봤다.

"오늘 만난 김 사장님 어떠셨어요?"

"음... 좋은 분이긴 한데 같이 일하긴 어렵겠네요."

"왜요? 되게 열정적이시던데."

"열정은 있는데 실행력이 없어요. 말할 때 구체적인 숫자가 하나도 없었죠? '많이', '열심히', '최선을 다해서' 이런 말만 했어요. 그리고 자기 실패를 다 남 탓으로 돌리더군요. 정부가 어떻고, 시장이 어떻고... 이런 사람은 어려워요."

정확했다. 나중에 들어보니 그 김 사장은 여러 사업을 했지만 다 실패했다고 한다. 불과 30분 대화로 그 사람의 본질을 파악한 것이다.

"어떻게 그렇게 빨리 아세요?"

"사람은 말에 다 나타나요. 숫자를 쓰는지 추상적인 말을 쓰는지, 자기 책임을 지는지 남 탓을 하는지, 질문을 하는지 자기 얘기만 하는지. 30분이면 충분해요."

물론 이것도 편견일 수 있다고 그분은 인정했다. 하지만 수십 년간 수많은 사람을 만나며 쌓인 그분의 '사람 보는 눈'은 거의 틀리지 않았다.

그들은 끊임없이 배운다

가장 충격적인 경험은 중국 출장에서였다. 한 대기업 임원 출신 사장님과 함께 중국 공장을 방문했다. 나는 중국에서 2년간 거주한 경험이 있어서 나름 중국을 안다고 생각했다. 그런데 그분이 하는 말에 계속 놀랐다.

"이 지역은 원래 명나라 때 도자기로 유명했대요. 그래서 아직도 수공예 기술자들이 많아서 품질이 좋죠." "중국에서는 명함을 두 손으로 주되, 읽는 시간을 충분히 가져야 예의래요. 바로 넣으면 무시하는 거로 받아들인대요." "저녁 회식 때 건배하면서 상대방보다 잔을 낮게 들어야 존중의 표시예요."

나는 그런 것까지는 몰랐다. 심지어 그분은 간단한 중국어 인사도 할 줄 알았다.

"중국 비즈니스 많이 하셨나봐요?"

"아니요, 이번이 두 번째예요."

"그런데 어떻게 이렇게 많이 아세요?"

그분은 웃으며 비행기 안에서 읽었다는 책 두 권을 보여줬다. '중국 비즈니스 문화의 이해', '중국 역사와 지역 특성'. 그리고 유튜브로 중국 비즈니스 매너 영상도 봤다고 했다.

"모르는 곳에 가면 미리 공부해야죠. 아는 만큼 보이고, 아는 만큼 기회가 생기니까요."

그날 저녁, 중국 바이어들은 그분에게 완전히 마음을 열었다. 그들의 문화를 이해하고 존중하는 모습에 감동했던 것이다. 결국 우리는 독점 계약을 따냈다. 지식이 돈이 되는 순간이었다.

그들은 모든 대화를 자산으로 만든다

부자들과 대화하면 신기한 경험을 한다. 무슨 주제를 꺼내도 대화가 끊기지 않는다. 정치, 경제, 문화, 예술, 스포츠... 못하는 얘기가 없다. 한번은 골프 얘기가 나왔다. 나는 골프를 칠 줄 모른다. 그런데 옆에 있던 사장님이 이렇게 말씀하셨다.

"골프장 사업도 재밌어요. 18홀 기준으로 하루 300팀 정도 수용 가능한데, 그린피가 20만 원이면 일 매출이 6천만 원이죠. 근데 관리비가 장난 아니에요. 잔디 관리만 해도..."

골프 얘기가 갑자기 사업 분석이 됐다. 와인 얘기가 나오면 와인 투자와 유통 구조를 설명하고, 미술 얘기가 나오면 아트테크와 경매 시장을 분석한다. 모든 대화가 비즈니스 인사이트로 연결된다.

"어떻게 그렇게 많은 걸 아세요?"

"호기심이죠. 세상 모든 게 다 연결되어 있어요. 골프를 알면 골프하는 사람들과 대화할 수 있고, 와인을 알면 와인 좋아하는 사람들과 친해질 수 있죠. 결국 비즈니스는 사람이 하는 거니까요."

부자의 언어는 관계에서도 다르다

이런 지식과 통찰력은 단순한 과시가 아니었다. 그들은 이것을 관계를 만드는 도구로 썼다. 상대방의 관심사를 파악하고, 그것에 대해 대화하며, 가치 있는 정보를 제공한다. 한 선배 셀러가 신입 셀러를 소개받았을 때의 일이다. 대부분 사람들은 "아, 네. 반갑습니다" 정도로 끝낸다. 하지만 그는 달랐다. "어떤 카테고리 하세요? 아, 그쪽이면 제가 아는 좋은 공장이 있는데 소개해드릴까요? 그리고 이 자료 한번 보세요. 제가 그 카테고리할 때 썼던 광고 키워드 정리한 건데 도움 될 거예요."

처음 만난 사람에게 자신의 노하우를 공개하다니. 나중에 물어봤다. "왜 그렇게 다 알려주세요? 경쟁자가 될 수도 있는데." 그의 대답은 충격적이었다.

"디노님, 사업은 혼자 하는 게 아니에요. 제가 도와준 사람이 성공하면 언젠가는 저한테도 기회가 와요. 그게 투자죠. 사람에 대한 투자. ROI는 계산할 수 없지만 가장 수익률이 높은 투자예요."

가치를 만드는 대화법

부자들의 네트워킹은 일반적인 명함 교환과 전혀 달랐다. 그들은 만나자마자 이런 질문을 한다. "제가 뭐 도와드릴 게 있을까요?" "혹시 필요하신 정보나 인맥이 있으신가요?" "제가 아는 분 중에 도움 되실 분이 있는데 연결해드릴까요?" 처음엔 이해가 안 됐다. 왜 먼저 주려고 할까? 나중에야 깨달았다. 이게 바로 부자의 언어였다. 그들은 '거래'가 아닌 '관계'를 만든다. 단기적 이익이 아닌 장기적 가치를 본다. 실제로 내가 겪은 일이다. 작년에 한 행사에서 만난 사장님이 있었다. 대화를 나누다가 그분이 중국 소싱에 어려움을 겪고 있다는 걸 알게 됐다. 나는 내가 쓰는 배대지와 소싱 방법을 상세히 알려드렸다. 심지어 내가 거래하는 중국 업체 연락처까지 줬다.

3개월 후, 그분에게서 전화가 왔다. "디노님 덕분에 사업이 잘 됐어요. 그런데 저희가 새로운 카테고리 진출하려는데, 국내 공장을 찾고 있거든요. 혹시 관심 있으세요? 독점 계약 조건도 드릴 수 있는데." 내가 준 정보의 가치는 기껏해야 몇십만 원이었다. 하지만 돌아온 기회의 가치는 몇 억 원이었다.

질문하는 방식이 다르다

부자들은 질문 자체가 다르다. 일반적인 사람들의 질문은 이렇다. "그거 어떻게 했어요?" "비법이 뭐예요?" "얼마나 벌어요?" 하지만 부자들의 질문은 이렇다. "어떤 과정을 거치셨어요?" "가장 어려웠던 점은 뭐였나요?" "이런 리스크는 어떻게 관리하세요?" 차이가 느껴지는가? 전자는 결과만 훔치려 한다. 후자는 과정을 배우려 한다. 전자는 정답을 원한다. 후자는 원리를 이해하려 한다.

겸손한 자신감의 언어

부자들의 또 다른 특징은 겸손한 자신감이다. 그들은 자랑하지 않지만 숨기지도 않는다. "저는 연매출 100억 원 정도 하는데요"라고 말할 때, 거기엔 자만도 없고 비하도 없다. 그냥 팩트다. 반면 가난한 마인드를 가진 사람들은 극단적이다. 조금만 잘 되면 자랑하고 다니거나, 아니면 잘 되는 것도 숨긴다. "에이, 별거 없어요" "그냥 운이 좋았어요" 이런 말로 자신을 깎아내린다. 부자의 언어는 명확하다. "이 부분은 제가 잘 알아요. 도와드릴 수 있습니다." "이건 제가 잘 모르는 분야네요. 혹시 알려주실 수 있나요?" 할 수 있는 것과 없는 것을 명확히 안다. 그리고 부끄러워하지 않는다.

시간을 대하는 언어

"시간 있으실 때 한번 만나요"와 "다음 주 화요일 오후 2시 어떠세요?"의 차이를 아는가? 전자는 사회적 인사말이다. 후자는 진짜 만나려는 사람의 말이다. 부자들은 시간을 구체적으로 말한다. "나중에 연락드릴게요"가 아니라 "이번 주 금요일까지 연락드리겠습니다"라고 한다. "조만간 처리하겠습니다"가 아니라 "내일 오전 중으로 답변드리겠습니다"라고 한다.

감사의 언어를 아낌없이 쓴다

놀랍게도 부자들은 "감사합니다"라는 말을 정말 많이 한다. 작은 도움에도, 사소한 정보에도, 그들은 진심으로 감사를 표현한다. 그리고 그 감사는 말로만 끝나지 않는다.

"지난번에 알려주신 키워드 덕분에 매출이 30% 올랐어요. 정말 감사합니다. 제가 최근에 찾은 좋은 공장이 있는데, 혹시 필요하시면 소개해드릴게요." 이렇게 감사는 또 다른 가치로 돌아온다.

실패를 말하는 방식

가장 큰 차이는 실패를 대하는 언어다. 보통 사람들은 실패를 숨긴다. "망했어" "손해 봤어" "괜히 했어" 하지만 부자들은 다르게 말한다. "좋은 경험했네요" "비싼 수업료 냈어요" "다음엔 이렇게 하면 되겠네요" 같은 실패인데 완전히 다른 해석이다. 더 놀라운 건, 그들은 실패를 공유한다. "제가 이런 실수를 했는데, 여러분은 이런 실수 하지 마세요." 자신의 실패가 남의 자산이 되게 한다.

부정적인 말을 하지 않는다

부자들과 대화하다 보면 신기한 게 있다. 그들은 거의 부정적인 말을 하지 않는다. 경쟁자 욕을 하지 않는다. 시장 상황을 탓하지 않는다. 정부 정책을 원망하지 않는다. 대신 이렇게 말한다. "경쟁이 심하다는 건 시장이 크다는 거죠" "규제가 생기면 오히려 진입장벽이 높아져서 기회예요" "불황일 때가 오히려 사업하기 좋아요. 경쟁자들이 나가거든요"

오늘부터 바꿀 수 있는 것들

부자의 언어는 하루아침에 만들어지지 않는다. 하지만 오늘부터 시작할 수 있는 것들이 있다.

첫째, 만나는 사람에게 "제가 도와드릴 게 있을까요?"라고 물어보라. 둘째, 모르는 분야가 나오면 "그것에 대해 더 알려주실 수 있나요?"라고 배우려 하라. 셋째, 하루 30분은 새로운 분야를 공부하라. 유튜브든 책이든 상관없다. 넷째, 상대방의 말에서 본질을 찾으려 노력하라. 겉말이 아닌 속뜻을 읽어라. 다섯째, 실패를 경험으로, 손해를 수업료로 바꿔 말하라. 가장 중요한 건 이거다. 부자의 언어는 '아는 척'이 아닌 '진짜 아는 것'에서 나온다. 그들은 끊임없이 배우고, 깊이 있게 이해하며, 본질을 꿰뚫는다. 그리고 그 모든 지식과 통찰을 나누는 데 인색하지 않다. 말이 바뀌면 생각이 바뀌고, 생각이 바뀌면 행동이 바뀌고, 행동이 바뀌면 결과가 바뀐다. 그리고 어느 날 당신도 깨닫게 될 것이다. 어느새 부자의 언어를 자연스럽게 쓰고 있는 자신을. 그리고 그 언어가 만든 놀라운 변화를. 기억하라. 부자가 되고 싶다면, 부자처럼 말하라. 그것이 시작이다.

chapter 6

혼자가 아니라 함께, 부의 증식 방법

처음 사업을 시작했을 때, 나는 모든 걸 혼자 하려고 했다. 새벽부터 밤늦게까지 상품을 등록하고, 주문을 처리하고, CS를 응대했다. 월 매출이 1억 원을 넘어섰을 때, 뿌듯함보다 막막함이 먼저 들었다. 더 이상 혼자서는 감당이 안 됐다. 몸은 하나인데 할 일은 열 개였다. 그때 깨달았다. 아, 이게 한계구나. 그러던 어느 날, 구매대행 카페에서 만난 한 선배가 물었다. "혼자 다 하려고 하지 마. 같이 하면 어때?" 그 한마디가 내 사업의 전환점이 됐다.

혼자서는 한계가 있다

솔직히 말하면, 나도 처음엔 '혼자가 편하다'고 생각했다. 수익을 나눌 필요도 없고, 의견 충돌도 없고, 내 맘대로 할 수 있으니까. 하지만 현실은 달랐다. 혼자 할 때의 문제는 단순히 일이 많다는 게 아니었다. 정보가 한정적이었다. 내가 아는 것만 알고, 내가 보는 것만 봤다. 시장이 변해도 눈치채지 못했다. 좋은 기회가 와도 놓쳤다. 혼자만의 우물에 갇혀 있었던 것이다. 가장 힘들었던 건 외로움이었다. 성공해도 함께 기뻐할 사람이 없었다. 실패해도 위로받을 곳이 없었다. 매출이 오르든 떨어지든, 혼자 삭이고 혼자 견뎌야 했다. 돈은 벌었지만 행복하지 않았다. 이게 내가 원했던 삶일까?

경쟁자에서 동료로

인식의 전환은 우연히 시작됐다. 같은 카테고리를 하는 셀러를 만났는데, 서로 경계하며 어색하게 인사만 나눴다. 그런데 대화를 나누다 보니 우리가 겪는 고민이 똑같았다. 배송 지연, 환율 변동, 신상품 발굴의 어려움... "우리가 왜 싸워야 하지?" 누군가 던진 이 질문이 모든 걸 바꿨다. 시장은 충분히 크고, 각자의 강점도 달랐다. 나는 소싱을 잘했고, 그는 마케팅을 잘했다. 한 명은 중국어가 능숙했고, 다른 한 명은 상세페이지 디자인을 잘했다 우리는 정보를 공유하기 시작했다. 좋은 공급처, 피해야 할 업체, 환율 전망, 시장 트렌드. 처음엔 조심스러웠지만, 점점 적극적이 됐다. 놀라운 일이 벌어졌다. 공유하면 할수록 더 많은 정보가 돌아왔다. 1을 주면 10이 돌아오는 경험을 했다. 가장 큰 변화는 마음가짐이었다. 경쟁자를 의식하며 전전긍긍하던 마음이 사라졌다. 대신 '함께 시장을 키우자'는 동료의식이 생겼다. 실제로 우리가 협력하며 만든 시너지 효과는 놀라웠다. 각자의 매출이 30% 이상 성장했다.

직원이 아닌 파트너 만들기

직원을 처음 뽑을 때, 나는 전형적인 '사장 마인드'였다. 월급 주고 일 시키면 된다고 생각했다. 하지만 그건 또 다른 형태의 '혼자'였다. 직원은 시킨 일만 했고, 나는 여전히 모든 결정을 혼자 했다. 변화는 작은 실험에서 시작됐다. 직원들과 매출 데이터를 공유했다. 처음엔 걱정했다. '월급 올려달라고 하면 어쩌지?' 하지만 반응은 달랐다. "우와, 우리 회사가 이렇게 크구나!" "이 상품이 이렇게 잘 팔리는구나!" 회사에 대한 관심과 애정이 생겼다.

다음 단계는 의사결정 참여였다. "이 상품 어떻게 생각해?" "이 가격이 적정할까?" 처음엔 "사장님이 결정하세요"라던 직원들이 점점 적극적으로 의견을 냈다. 그리고 그들의 아이디어는 정말 좋았다. 현장에서 직접 일하는 사람들이 보는 것이 달랐다. 수익 공유 시스템을 도입한 건 자연스러운 수순이었다. 기본급은 줄이고 성과급을 늘렸다. 처음엔 불안해하던 직원들이 이제는 더 열심히 일한다. 왜? 자기 일이 됐으니까. 회사가 잘 되면 자기도 잘 되니까. "우리 회사"라는 말을 직원들이 먼저 쓰기 시작했다. 퇴근 시간이 됐는데도 "이것만 마무리하고 갈게요"라고 한다. 주말에도 "좋은 아이템 찾았는데 월요일에 얘기해요"라고 연락이 온다. 직원이 아니라 파트너가 된 것이다.

고객을 팬으로, 팬을 동료로

고객과의 관계도 완전히 바꿨다. 예전엔 '팔고 끝'이었다. 하지만 이제는 '팔고 시작'이다. 구매 후기를 꼼꼼히 읽고, 개선 의견을 적극 반영한다. 고객이 원하는 상품을 물어보고, 함께 만들어간다.

재미있는 일이 생겼다. 한 고객이 "이런 상품 있으면 좋겠는데"라고 제안했다. 우리는 그 상품을 찾아 판매했고, 그 상품은 월 5천만 원의 히트를 쳤다. 그 고객은 자랑스럽게 주변에 "내가 만든 상품"이라고 소개했다. 고객이 우리의 마케터가 된 것이다. 커뮤니티의 힘은 생각보다 컸다. 1만 2천명의 카페 회원들이 서로 정보를 공유하고, 구매 경험을 나누며, 신상품을 추천한다. 우리는 광고비 한 푼 안 쓰고도 신규 고객이 계속 유입된다. 왜? 신뢰하는 사람의 추천이니까. 팬덤의 경제학이 여기 있다. 고객을 단순 구매자로 보지 않고 함께 만들어가는 동료로 본다. 그들의 의견을 듣고, 함께 성장한다. 그러면 그들은 단순 고개을 넘어 우리의 팬이 되고, 나아가 동료가 된다.

네트워크가 만든 기적

혼자일 때와 함께일 때의 차이는 숫자로 명확히 나타났다. 혼자일 때는 아무리 열심히 해도 월 1억 원이 한계였다. 하루는 24시간이고, 내 능력은 한정적이니까. 하지만 5명이 되자 월 3억 원이 가능해졌다. 단순히 5배가 아니라 그 이상의 시너지가 생겼다. 더 놀라운 건 네트워크 효과였다. 협력하는 셀러가 10명, 20명으로 늘어나자 정보의 질과 양이 폭발적으로 증가했다. 누군가는 새로운 트렌드를 발견하고, 누군가는 좋은 공급처를 찾아내고, 누군가는 리스크를 미리 감지했다. 혼자였다면 놓쳤을 기회들을 잡을 수 있었다. 생태계가 만들어지니 성장은 가속화됐다. 연매출 100억 원이라는, 혼자서는 꿈도 못 꿨을 매출을 달성했다. 더 중요한 건 이제 한계가 없다는 것이다. 네트워크는 계속 확장되고, 가능성은 무한하다.

함께 성장하는 법

그렇다면 어떻게 함께 할 수 있을까? 내 경험을 바탕으로 몇 가지 원칙을 공유한다.

첫째, 먼저 주는 사람이 돼라. 정보든, 도움이든, 기회든 먼저 나누는 사람에게 더 많은 것이 돌아온다. 계산하지 마라. 순수한 마음으로 도우면, 언젠가는 그 이상으로 돌아온다. 둘째, 투명하게 소통하라. 숨기면 의심받고, 공개하면 신뢰받는다. 실패도 공유하고, 성공도 나눠라. 그래야 진정한 동료가 된다. 셋째, 장기적 관점을 가져라. 당장의 이익보다 장기적 관계가 중요하다. 오늘 손해 보는 것 같아도, 신뢰가 쌓이면 그것이 가장 큰 자산이 된다. 넷째, 각자의 강점을 인정하라. 모든 걸 잘할 수는 없다. 내가 못하는 걸 잘하는 사람과 함께하라. 그래야 시너지가 생긴다. 다섯째, 시스템을 만들어라. 사람에 의존하지 말고 시스템에 의존하라. 누가 들어와도 돌아가는 시스템, 함께 성장할 수 있는 구조를 만들어라.

새로운 부의 공식

전통적인 부의 공식은 단순했다. 시간×노력 = 돈. 하지만 이 공식에는 한계가 있다. 시간은 24시간으로 정해져 있고, 노력도 한계가 있다. 그래서 혼자서는 아무리 해도 한계가 있다. 새로운 공식은 다르다. (신뢰 × 협력) 2×네트워크 = 무한한 부. 신뢰와 협력이 곱해지고, 네트워크가 그것을 제곱한다. 그래서 가능성은 무한하다. 혼자 100억 원을 버는 것과 100명과 함께 1억 원씩 버는 것, 무엇이 더 가치 있을까? 무엇이 더 지속가능할까? 무엇이 더 행복할까? 나는 후자를 선택했다. 그리고 그 선택을 후회하지 않는다.

진짜 부자의 정의

이제 나는 안다. 진짜 부자는 돈이 많은 사람이 아니다. 진짜 부자는 함께 갈 사람이 많은 사람이다. 혼자 가면 빨리 가지만, 함께 가면 멀리 간다. 그리고 그 길이 훨씬 즐겁다. 내가 공무원을 그만두고 사업을 시작할 때, 나는 돈 많은 부자가 되고 싶었다. 하지만 지금은 다르다. 함께 성장하는 부자, 나누면서 커지는 부자, 혼자가 아닌 함께 가는 부자가 되고 싶다. 당신도 혼자 고민하고 있는가? 혼자 싸우고 있는가? 잠깐 멈추고 주변을 둘러보면 좋겠다. 함께 갈 사람이 분명히 있다. 그들에게 손을 내밀어라. 그것이 진짜 부자가 되는 첫걸음이다.

기억하라. 부는 혼자 쌓는 것이 아니라 함께 만드는 것이다. 그것이 21세기 부의 진짜 비밀이다.

PART 4

당신도 부자가 될 수 있다

들어가며

"대표님은 원래 집안이 좋으셨나 봐요."

강의할 때마다 듣는 말이다. 연 매출 100억 원, 직원 5명, 하루 3시간 컴퓨터 근무. 나머지는 사람들 만나고 다니기. 이런 얘기를 하면 다들 그렇게 생각한다. 하지만 나는 유복한 환경에서 크지 못했다. 단칸방에 5명이 살던 집. 곰팡이 냄새 나는 방에서 엄마가 화장실에서 공부하시던 모습. 대학 등록금이 없어서 눈물 흘리시던 그날. 그게 내 시작이었다.

"그럼 특별한 재능이 있으셨나 봐요."

이것도 아니다. 9급 공무원 시험에 겨우 붙었고, 유튜브 하다가 징계를 받았으며, 구매대행 첫 거래에서 바로 반품을 당했다. 내가 가진 재능이 있다면 딱 하나다. 포기하지 않은 것.

이 장은 그런 당신을 위한 것이다. 특별하지 않은, 평범한, 어쩌면 나보다도 어려운 상황에 있을 당신을 위한. 많은 자기계발서가 그럴듯한 이론을 늘어놓는다. 부자들의 마인드셋, 성공의 법칙, 시크릿... 솔직히 말하겠다. 다 필요 없다. 필요한 건 딱 세 가지다.

1. 당신만의 '에르메스 모멘트' 찾기
2. 억척스럽게 수익 만들기
3. 포기하지 않고 계속하기

"에르메스 모멘트가 뭐예요?"

내 인생을 바꾼 순간이다. 유튜브 댓글에서 시작된 이야기.

"에르메스 같은 걸 들어봤어야 알지."

이 한 마디가 나를 여기까지 오게 했다. 분노였고, 동시에 동력이었다. 당신에게도 그런 순간이 있을 거다. 혹은 지금 이 순간이 그것일 수도 있다. 이 챕터에서는 거창한 이론 대신 실전을 다룬다. 내가 댓글 알바 50원에서 시작해 여기까지 온 구체적인 방법들. 시행착오와 극복 과정. 그리고 지금도 매일 실천하는 루틴들.

warning: 이 챕터는 불편할 수 있다.

왜? 더 이상 핑계 댈 거리가 없어지니까.

> "돈이 없어서…" ──▶ 나도 없었다.
> "시간이 없어서…" ──▶ 나도 없었다.
> "경험이 없어서…" ──▶ 나도 없었다.
> "학벌이 없어서…" ──▶ 나도 없었다.

그럼 뭐가 있었나? '간 보다가 인생 끝난다'는 절박함이 있었다. 몇 년 전, 좌천된 여수 관사에서 천장을 보며 다짐했다. 이렇게는 못 산다고. 뭐라도 해야 한다고. 그리고 지금, 완전히 다른 삶을 살고 있다. 이 챕터를 다 읽고 나면, 당신도 시작할 수밖에 없을 거다. 왜? 방법을 알게 될 테니까. 그것도 아주 구체적으로. 부자는 특별한 사람이 되는 게 아니다. 평범한 사람이 특별한 선택을 하는 것이다. 그 선택은 거창하지 않다. 오늘, 지금, 뭔가를 시작하는 것.

준비됐나? 아니, 준비 안 됐어도 괜찮다. 나도 안 됐었으니까. 그냥 따라오면 된다. 당신도 부자가 될 수 있다. 진짜로.

chapter 1

당신의 '에르메스 모멘트'는 무엇인가

2018년 겨울, 인천공항 세관 검사대.

"에르메스 같은 걸 들어봤어야 알지."

유명 연예인의 입에서 나온 그 한 마디. 내 존재를 송두리째 부정하는 듯한 그 말에 나는 그 자리에 얼어붙었다. 월급 170만 원 공무원. 그게 그녀 눈에 비친 내 모습의 전부였다. 명품은커녕 브랜드 이름조차 제대로 모르는 촌스러운 여자. 관세청 직원인데 명품 브랜드도 모른다니, 그녀에게는 우스꽝스러웠을 거다. 그날의 상황이 아직도 생생하다. 그녀의 매니저가 옆에서 피식 웃던 모습. 내 동료들이 어쩔 줄 몰라 하던 표정. 그리고 아무 말도 못 하고 서 있던 나. 지하철을 타고 집으로 돌아오는 내내 그 말이 머릿속을 맴돌았다. 창문에 비친 내 모습이 초라해 보였다. 낡은 유니폼, 지친 얼굴, 매일 같은 시간에 같은 곳으로 향하는 틀에 박힌 삶. 그날 밤, 나는 일기장에 적었다.

"오늘 나는 아무것도 아닌 사람이 됐다. 하지만 이게 끝은 아니다. 두고 봐라. 3년 안에 에르메스 백 10개쯤은 눈 하나 깜짝 안 하고 살 수 있는 사람이 되어주마."

그리고 5년이 지난 지금, 모두가 무시할 때도 밑바닥부터 노력한 나는 비로소 사람들이 인정해주는 사업가가 됐다. 에르메스? 이제는 관심도 없다. 그런 건 이미 넘어섰으니까.

에르메스 모멘트란 무엇인가
당신을 바닥까지 떨어뜨리는 그 순간

에르메스 모멘트. 내가 만든 이 말은 '자존감이 바닥을 치는 결정적 순간'을 뜻한다. 누군가에게는 상사의 공개적인 망신일 수도, 연인의 "너랑은 미래가 안 보여"라는 이별 통보일 수도, 통장 잔고 0원을 마주한 순간일 수도 있다. 중요한 건 그 순간의 강도다. 일상적인 스트레스가 아니라 존재 자체가 부정당하는 느낌. 내가 쌓아온 모든 것이 무의미하게 느껴지는 순간. 솔직히 말하면, 그 연예인 앞에서 나는 정말 아무것도 아니었다.

학벌? 국립대지만 서울대는 아니다. 직업? 공무원이지만 9급이다. 재산? 월급 쪼개서 겨우 생활하는 수준이다. 외모? 거울 볼 때마다 나름 괜찮다고 생각했는데, 그녀 앞에서는 그냥 평범한 일반인이었다. 그녀의 경멸 섞인 시선 앞에서 나는 벌거벗은 기분이었다. 그리고 그게 진실이었다.

바닥을 치고 나서야 보이는 것들

하지만 신기한 건, 바닥을 치니까 오히려 선명해졌다는 거다.

"아, 내가 이렇게 살고 있었구나.", "이게 내가 선택한 삶의 결과구나.", "이대로는 절대 안 되겠구나."

월급 170만 원. 매달 통장에 찍히는 그 숫자가 내 가치의 전부처럼 느껴졌다. 10년을 일해도 20년을 일해도 크게 달라지지 않을 그 숫자. 상위 호봉 선배들 월급을 봐도 300만 원이 안 됐다. 남들이 부러워한다는 철밥통? 웃기는 소리다. 철밥통이 아니라 철창이었다. 안정이라는 이름의 감옥에 스스로 갇혀 있었던 거다. 각성은 아프다. 그동안 애써 외면했던 진실들이 한꺼번에 들이닥친다.

- 매일 똑같은 일상의 반복
- 승진해도 크게 달라지지 않는 현실
- 꿈도 목표도 잃어버린 채 하루하루 연명하는 삶

하지만 이 아픔 없이는 변화도 없다. 나는 그날 진짜 바닥을 봤고, 그래서 치고 올라올 수 있었다.

왜 우리는 그 순간을 놓치는가
미지근한 물 속의 개구리

"그래도 공무원인데... 왜 그만둬?", "지금도 늦지 않았어. 다시 돌아가는 게 어때?", "너무 성급한 결정 아니야?"

퇴사를 결심했을 때 주변에서 가장 많이 들은 말이다. 심지어 부모님조차 반대하셨다. 맞다. 공무원은 안정적이다. 매달 월급이 나오고, 정년 보장되고, 연금도 나온다. 그런데 그게 함정이다. 미지근한 물에 개구리를 넣고 서서히 온도를 올리면 개구리는 위험을 감지하지 못하고 죽는다. 우리의 '안정적인 직장'도 똑같다. 나도 처음엔 만족했다. 공무원 시험 합격했을 때 동네 잔치를 벌였다. 부모님은 "이제 걱정 끝"이라며 기뻐하셨다.

1년차	"와, 매달 월급이 나온다! 복지도 좋네!"
2년차	"이 정도면 먹고 살만하지. 결혼도 할 수 있겠다."
3년차	"...이게 다야? 평생 이렇게 살아야 해?"

시간이 갈수록 목표는 흐릿해지고, 열정은 식어갔다. 그저 출근도장 찍고, 월급날 기다리고, 정년퇴직 손꼽아 기다리는 좀비가 되어갔다. 동기들 중에는 이미 눈치 빠른 애들이 하나둘 나가기 시작했다. 누구는 대기업으로, 누구는 창업을 하러. 그때마다 "그래도 공무원이 최고지"라고 자기위로했다. 사실은 도전하는 그들이 부러웠다. 하지만 인정하기 싫었다.

두려움이라는 거대한 족쇄

"실패하면 어떡해?", "다시 공무원 시험 볼 거야?", "너무 무모한 거 아니야?" 가장 큰 적은 남이 아니라 내 안의 두려움이었다. 솔직히 무서웠다. 안정적인 월급을 포기한다는 것. 매달 170만 원이라도 확실하게 들어오는 돈을 놓는다는 것. 부모님의 기대를 저버린다는 것. 특히 우리 집안 형편을 생각하면 더 그랬다. 단칸방에서 다섯 식구가 살았던 우리 집. 곰팡이 냄새 나는 그 집에서 벗어나게 해준 게 공무원이었는데.

하지만 더 무서운 게 있었다. 10년 후, 20년 후에도 지금과 똑같은 삶을 살고 있을 내 모습. "그때 도전해볼걸" 하고 후회하며 살아갈 내 모습. 에르메스 백은 커녕, 에르메스 향수 하나 못 사면서 "괜찮아, 안정적이잖아"라고 위안하며 살아갈 내 모습. 그게 진짜 두려웠다. 여수로 발령받았을 때, 다들 위로했다. "그래도 공무원이잖아. 곧 다시 올라올 거야." 하지만 나는 알았다. 이게 기회라는 걸. 더 이상 잃을 게 없으니까, 이제는 올라갈 일만 남았다는 걸.

순간을 기회로 바꾸는 전략
분노를 연료로, 수치심을 도약대로

그 연예인에 대한 분노? 당연히 있었다. 하루 종일 욕했다. 일기장에 온갖 악담을 써내려갔다. "뭐가 그리 대단하다고!", "돈이 다야?", "인성이 그 모양이니…" 하지만 어느 순간 깨달았다. 이런

다고 내 인생이 바뀌나? 그녀는 여전히 명품을 두르고 다니고, 나는 여전히 이렇게 살고 있는데? 그때부터 방향을 바꿨다. 그녀를 이기는 게 목표가 아니라, 어제의 나를 이기는 게 목표가 됐다. 분노의 에너지를 성장의 연료로 바꿨다.

- 퇴근 후 집에 와서 쉬는 대신 온라인 강의를 들었다.
- 주말에 늦잠 자는 대신 부업을 시작했다.
- 회식 자리를 빠지고 사업 아이템을 찾았다.

"나도 할 수 있다"가 아니라 "나는 반드시 해낸다"로 마인드를 바꿨다. 여수로 가서도 포기하지 않았다. 오히려 더 열심히 했다. 상대적으로 시간이 자유로우니 더 자유롭게 부업할 수 있었다. 징계 받고 좌천당한 신세지만, 나는 그곳에서 새로운 시작을 준비했다.

작지만 확실한 첫걸음

거창한 계획은 필요 없었다. 그저 오늘 할 수 있는 가장 작은 일부터 시작했다.

첫 달	중국 구매대행 관련 유튜브 영상 100개 시청
둘째 달	타오바오 사이트 가입, 상품 리서치 시작
셋째 달	첫 상품 등록, 첫 판매 (수익 3만 원)

시작은 초라했다. 하지만 중요한 건 시작했다는 거다. 댓글 알바로 시작해서 건당 50원. 하루에 2만 원 벌기도 힘들었다. 제휴 마케팅으로 겨우 월 17만 원. 그래도 포기하지 않았다. 왜? 이게 시작이라는 걸 알았으니까. 중국 구매대행을 시작하면서 변화가 시작됐다. 닭털 뽑는 기계를 팔고, 알루미늄 비계를 팔고, 이상한 물건들을 팔면서 점점 요령이 생겼다.

- **6개월 후:** 월 1,000만 원.
- **1년 후:** 월 1,500만 원.
- **2년 후:** 월 5,000만 원.

그리고 퇴사를 결심했다. 월 수익이 1,500만 원을 넘어서면서, 더 이상 공무원으로 있을 이유가 없었다.

내가 만난 사람들의 에르메스 모멘트

이혼 서류를 받은 전업주부의 반전

내 수강생 중에 38세 전업주부가 있었다. 그녀의 에르메스 모멘드는 이혼 서류를 받던 날이었다.

"경제력 없는 주부랑은 못 살겠다. 니가 뭘 할 줄 아나?"

15년 동안 가정을 지켰는데, 돌아온 건 이 한 마디였다. 그날 그녀는 울면서 내 유튜브를 봤다고 한다.

"디노님도 아무것도 모르는 상태에서 시작했다니까, 나도 할 수 있을 것 같았어요."

시작은 초라했다. 아이 재우고 새벽에 상품 등록. 처음 한 달은 수익 0원. 상품 하나 팔리지 않았다. 하지만 그녀는 포기하지 않았다. 내가 알려준 대로 키워드를 바꾸고, 상품을 바꾸고, 계속 도전했다. 6개월 후 월 500만 원. 1년 후 월 1500만 원. 지금은 월 2천만 원.

"이혼은 했지만 후회는 없어요. 오히려 감사해요. 그 일이 없었다면 평생 누군가에게 의존하며 살았을 거예요. 이제는 아이들에게 당당한 엄마가 됐어요."

구조조정으로 잘린 부장님의 도전

45세 중견기업 부장. 구조조정으로 해고당한 날이 그의 에르메스 모멘트였다.

"자네는 이제 한계야. 더 이상은 어려워."

20년 동안 충성했는데, 회사가 준 답은 해고였다. 명퇴금을 들고 막막했다고 한다.

"처음엔 다시 취업하려고 했어요. 그런데 45세 구조조정 당한 사람을 누가 뽑겠어요? 그때 디노님 영상을 보고 '아, 이제는 내가 사장이 되는 수밖에 없구나' 깨달았죠."

첫해는 적자였다. 쿠팡에 상품 올렸는데 하나도 안 팔렸다. 광고비만 나가고 적자만 쌓였다. 하지만 그는 포기하지 않았다. 실패한 상품을 분석하고, 새로운 상품을 찾고, 계속 도전했다. 둘째 해 손익분기점 돌파. 셋째 해 연매출 10억 원. 지금은 연매출 30억 원.

"해고가 전화위복이었어요. 평생 월급쟁이로 살았을 텐데, 이제야 진짜 제 인생을 살아요. 회사에서는 한계가 있다고 했지만, 사업에는 한계가 없더라고요."

당신의 에르메스 모멘트를 찾아라
일상 속 작은 신호들을 무시하지 마라

꼭 누군가 모욕을 줘야만 깨달을 수 있는 건 아니다. 매일 아침 출근길의 한숨. "언제까지 이래야 하나"라는 자문. 일요일 밤의 우울함. 월급날에도 기쁘지 않은 마음. 이런 신호들을 무시하지 마라. 당신의 내면이 보내는 SOS다. 나도 에르메스 사건 전부터 신호는 있었다. 동기들이 하나둘 이직하거나 창업할 때의 부러움. SNS에서 본 또래 사업가들의 성공 스토리를 볼 때의 자괴감. 그저 "나는 안 될 거야"라며 묻어뒀을 뿐이다.

하지만 이제는 안다. 그 작은 신호들이 모여서 큰 파도가 된다는 걸. 무시하면 할수록 더 큰 충격으로 돌아온다는 걸.

스스로 바닥을 치는 용기

누군가 당신을 모욕해주기를 기다릴 필요는 없다. 스스로에게 물어보라. "지금 이대로 10년을 더 산다면?", "정말 이게 내가 원하던 삶인가?", "죽기 전에 후회하지 않을까?" 불편한 질문일수록 피하지 마라. 그 불편함이 변화의 시작이다. 나는 가끔 그때의 나를 떠올린다. 월급 170만 원에 만족하며 살던 나. 에르메스가 뭔지도 모르던 나. 꿈도 희망도 없이 하루하루 살던 나. 그리고 지금의 나를 본다. 연매출 100억 원을 달성한 나. 직원들과 함께 성장하는 나. 내가 원하는 삶을 사는 나.

그 차이를 만든 건 단 하나다. 현실을 직시하고 행동했다는 것.

지금이 바로 그 순간이다
내일은 없다, 오늘 시작하라

"준비되면 시작할게", "때가 되면 하겠지", "여유가 생기면…" 다 핑계다. 나도 5년을 그렇게 보냈다. 준비가 100% 되는 날은 오지 않는다. 완벽한 타이밍도 없다. 그저 시작하는 사람과 핑계대는 사람이 있을 뿐이다.

지금 당장 할 수 있는 한 가지:

- 관심 분야 검색하기
- 온라인 강의 하나 신청하기

- 목표를 종이에 적어 벽에 붙이기
- 하루 1시간이라도 시간 만들기

뭐든 좋다. 행동이 마인드를 바꾼다. 생각만 하면 평생 그대로다.

당신의 에르메스 모멘트를 축복으로

그 연예인을 다시 만난다면, 나는 90도로 인사할 것이다.

"감사합니다. 당신 덕분에 제가 여기까지 왔습니다."

진심이다. 그녀의 모욕이 없었다면 나는 아직도 월급 170만 원에 만족하며 살고 있을 테니까. 당신의 에르메스 모멘트는 저주가 아니라 축복이다. 끝이 아니라 시작이다. 나는 "에르메스 같은 걸 들어봤어야 알지"라는 그 한 마디로 인생이 바뀌었다.

당신은 어떤 순간으로 시작할 것인가? 바로 지금이다. 지금 이 순간이 당신의 에르메스 모멘트다. 더 이상 미루지 마라. 더 이상 핑계대지 마라. 더 이상 두려워하지 마라. 행동하라. 당장. 1년 후, 당신은 오늘에 감사할 것이다. "그때 시작하길 정말 잘했어"라고.

chapter 2

부자의 하루
: 시간 관리와 우선순위

"시간이 없어서…"

가장 흔한 핑계다. 정말 시간이 없을까? 아니다. 시간은 모두에게 공평하게 24시간이 주어진다. 빌 게이츠도, 워런 버핏도, 당신도 똑같이 24시간이다. 그런데 왜 누군가는 그 시간으로 억 원대 수입을 만들고, 누군가는 겨우 생활비를 버는가? 차이는 시간의 양이 아니라 시간의 질에 있다. "바쁘다"는 말이 입에 붙었다면 위험 신호다. 바쁘다는 것은 일을 많이 한다는 뜻이 아니다. 우선순위를 정하지 못했다는 뜻이다. 중요한 것과 중요하지 않은 것을 구분하지 못하고 있다는 증거다.

월 천만 원 버는 사람과 월 억 원대 버는 사람의 차이를 아는가? 일하는 시간이 아니다. 오히려 월 억 원대 버는 사람이 더 여유롭다. 골프도 치고, 가족과 시간도 보내며, 책도 읽는다. 비밀은 간단하다. 그들은 시간을 관리하는 것이 아니라 우선순위를 관리한다. 해야 할 일이 아니라 하지 말아야 할 일을 정한다. 모든 것을 다 하려고 하지 않는다. 당신은 어떤가? 오늘도 정신없이 바빴지만 정작 중요한 일은 하나도 못했는가? 그렇다면 이 장을 끝까지 읽어라. 당신의 24시간이 완전히 달라질 것이다.

우선순위의 잔인한 진실
모든 일이 중요해 보이는 이유

아침에 눈을 뜨자마자 스마트폰을 확인한다. 메시지, 이메일, 각종 알림들. 모든 것이 "긴급"이라고 외친다. 회사에 도착하면 상사가 부른다. "급한 일이 생겼어." 동료가 찾아온다. "잠깐만 도와줘." 고객이 전화한다. "지금 당장 필요해요." 정작 오늘 하려고 했던 일은 뭐였는지도 기억나지 않는다. 하루가 끝나면 진이 빠진다. 분명 열심히 일했는데, 뭘 했는지 모르겠다. 왜 이런 일이 반복될까?

첫째, 우리는 타인의 우선순위에 끌려다닌다. 상사의 급한 일, 동료의 부탁, 고객의 요구. 모두 그들에게는 중요하다. 하지만 당신에게도 중요한가? 대부분은 아니다. 둘째, 긴급함의 폭력성에 굴복한다. 긴급한 일은 시끄럽다. 전화벨이 울리고, 알림이 뜨며,

사람들이 재촉한다. 반면 정말 중요한 일은 조용하다. 아무도 재촉하지 않는다. 그래서 계속 미뤄진다. 셋째, 눈앞의 일에 매몰되는 근시안을 가지고 있다. 오늘 처리해야 할 일만 보인다. 내년, 10년 후를 위해 해야 할 일은 보이지 않는다. 나무만 보고 숲을 보지 못한다.

결과는? 정작 중요한 일은 계속 미뤄진다. 자기계발, 새로운 도전, 미래 준비. "시간이 나면 하지"라고 생각하지만, 시간은 영원히 나지 않는다.

가짜 우선순위 vs 진짜 우선순위

많은 사람들이 바쁜 척을 한다. 왜? 바쁘면 중요한 사람처럼 보이니까. 하지만 진짜 중요한 사람은 바쁘지 않다. 여유가 있다. 가짜 우선순위의 특징을 보자.

첫째, 완벽주의의 덫에 빠진다. 모든 일을 100% 완벽하게 하려고 한다. 중요하지 않은 보고서에 며칠을 쏟고, 별로 중요하지 않은 이메일을 몇 번이고 고쳐 쓴다. 80%로 충분한 일에 120%의 에너지를 쏟는다. 둘째, 쉬운 일부터 한다. 할 일 목록을 보면서 가장 쉬운 것부터 지운다. 성취감은 있지만 발전은 없다. 정작 어렵고 중요한 일은 계속 남아있다. 셋째, 모든 요청에 Yes라고 한다. 거절하지 못한다. 그래서 중요하지 않은 일에 시간을 뺏긴다. 남의 인생을 대신 살아주느라 정작 내 인생은 없다.

진짜 우선순위는 다르다. 20%의 일이 80%의 결과를 만든다는 파레토 법칙을 기억하라. 진짜 중요한 20%를 찾아야 한다. 나머지 80%는 과감히 버릴 용기가 필요하다. 어떤 일이 진짜 중요한 20% 일까? 간단하다. 미래를 바꾸는 일이다. 새로운 기술을 배우는 것, 새로운 사업을 준비하는 것, 중요한 관계를 만드는 것. 이런 일들은 당장은 티가 나지 않지만, 시간이 지나면 인생을 바꾼다.

우선순위가 없으면 일어나는 일

우선순위 없이 사는 삶은 어떤 모습일까? 하루종일 일해도 발전이 없다. 아침부터 밤까지 뭔가를 하지만, 정작 중요한 것은 하나도 못한다. 메일 확인, 쓸데없는 회의, 잡무 처리. 이런 것들로 하루가 간다. 1년이 지나도 제자리다. 작년과 올해가 똑같다. 아니, 나이만 먹었으니 오히려 퇴보했다. 같은 일을 반복하면서 다른 결과를 기대한다. 이것이 바로 아인슈타인이 말한 미친 짓이다. 번아웃만 남는다. 열심히 일했으니 뭔가 있어야 하는데, 남은 게 없다. 피로감, 허무함, 자괴감. "내가 뭐 하는 거지?"라는 생각만 든다. 시간만 때우는 인생이 된다. 출근도장 찍고, 월급날 기다리고, 주말이나 휴가만 손꼽아 기다린다. 살아있지만 죽은 것과 다름없다.

이것이 우선순위 없는 삶의 결말이다. 바쁘게 살다가 바쁘게 죽는다. 그리고 무덤에 누워서야 깨닫는다. "정작 중요한 건 하나도 못했구나." 하지만 아직 늦지 않았다. 지금부터라도 우선순위를 정하고 실행하면 된다. 어떻게? 계속 읽어보자.

우선순위를 찾는 3가지 질문

질문 1 "이것이 내 인생을 바꿀까?"

모든 일 앞에서 이 질문을 던져보라. "이 일이 내 인생을 바꿀까?" 대부분의 일은 그렇지 않다. 오늘 처리한 보고서, 참석한 회의, 답한 이메일. 10년 후에 기억이나 할까? 아니, 다음 주에도 기억 못할 것이다. 진짜 인생을 바꾸는 일은 무엇일까?

첫째, 성장에 기여하는 일이다. 새로운 기술을 배우거나, 새로운 경험을 하거나, 한계를 넘어서는 도전. 이런 것들은 당장은 힘들지만 미래의 나를 만든다. 둘째, 레버리지가 있는 일이다. 한 번 하면 계속 효과가 있는 일. 시스템을 만들거나, 관계를 구축하거나, 자산을 쌓는 일. 이런 것들은 복리로 돌아온다. 셋째, 하지 않으면 후회할 일이다. 죽기 전에 후회할 일 중에 "일을 너무 많이 했다"는 건 없다. 대신 "도전하지 않았다", "사랑하지 않았다", "꿈을 포기했다"는 후회만 있을 뿐이다. 10년 후를 상상해보라. 그때의 나는 오늘의 어떤 선택에 감사할까? 그것이 진짜 우선순위다.

질문 2 "내가 아니면 안 되는가?"

우리는 종종 슈퍼맨 콤플렉스에 빠진다. 모든 일을 내가 해야 한다고 생각한다. 하지만 정말 그럴까? 이 질문의 힘은 위임과 시스템화에 있다.

첫째, 나만의 강점이 필요한 일인지 따져보라. 당신만이 할 수 있는 일은 생각보다 적다. 대부분의 일은 다른 사람도 할 수 있다. 아니, 어쩌면 더 잘할 수도 있다. 둘째, 다른 사람이 더 잘할 수 있는 일은 과감히 넘겨라. 당신이 시간당 10만 원의 가치를 만들 수 있다면, 시간당 1만 원짜리 일을 하는 것은 손해다. 9만 원을 버리는 것과 같다. 셋째, 위임 가능한 일은 위임하라. 처음에는 가르치는 시간이 더 걸릴 수 있다. 하지만 장기적으로는 시간을 벌게 된다. 한 번 가르치면 백 번 써먹을 수 있다. 넷째, 시스템화 가능한 일은 시스템을 만들어라. 반복되는 일, 정해진 프로세스가 있는 일. 이런 것들은 매뉴얼화하고 자동화하라.

스티브 잡스는 말했다. "혁신은 1,000가지 일에 No라고 하는 것이다." 당신이 정말로 해야 할 일, 당신만이 할 수 있는 일에만 집중하라.

질문 3 "지금이 적절한 때인가?"

모든 일에는 때가 있다. 아무리 중요한 일이라도 시기가 맞지 않으면 실패힌다. 타이밍을 판단하는 기준은 무엇일까?

첫째, 준비되었는가? 충분한 지식, 자원, 네트워크가 있는가? 준비 없는 도전은 무모함이다. 하지만 완벽한 준비를 기다리는 것도 어리석다. 70% 준비되었으면 시작하라. 둘째, 다른 것이 먼저

인가? 때로는 순서가 중요하다. 기초 없이 응용할 수 없고, 신뢰 없이 거래할 수 없다. 건너뛰면 나중에 더 큰 대가를 치른다. 셋째, 기회비용은 무엇인가? 이것을 하면 저것을 못한다. 모든 선택에는 대가가 있다. 지금 이것을 선택함으로써 포기하는 것은 무엇인가? 그만한 가치가 있는가? 타이밍의 예술은 기다림과 행동의 균형이다. 너무 서두르면 준비 부족으로 실패하고, 너무 기다리면 기회를 놓친다.

현명한 사람은 때를 안다. 씨 뿌릴 때와 거둘 때, 말할 때와 침묵할 때, 도전할 때와 기다릴 때를 구분한다.

시간 관리법 1: 시간을 4분할하라

모든 시간이 똑같은 가치를 가지는 것은 아니다. 어떤 시간은 돈을 만들고, 어떤 시간은 미래를 만들며, 어떤 시간은 관계를 만들고, 어떤 시간은 에너지를 만든다. 부자들은 이것을 안다. 그래서 시간을 4가지로 나누어 관리한다.

1순위 돈을 직접 만드는 시간

이것은 Cash Time이다. 직접적으로 수익을 만드는 활동에 쓰는 시간이다. 영업 전화를 하거나, 상품을 판매하거나, 서비스를 제공하는 시간. 이 시간이 없으면 당장 먹고살 수 없다. 하지만 이 시간만 있으면 영원히 시간의 노예가 된다. 얼마나 할당해야 할까? 초기에는 50% 이상이 필요하다. 하지만 점차 줄여가야 한다. 월 천만 원을 넘어서면 30% 이하로, 월 억 원대가 되면 10% 이하로. 왜? 이 시간은 한계가 있기 때문이다. 하루 24시간을 다 써도 벌 수 있는 돈에는 한계가 있다. 진짜 부자가 되려면 이 시간을 줄이고 다른 시간을 늘려야 한다.

2순위 시스템을 구축하는 시간

이것은 Investment Time이다. 당장은 돈이 안 되지만 미래에 큰 수익을 만드는 시간이다. 프로세스를 만들거나, 자동화 시스템을 구축하거나, 팀을 교육하는 시간. 이 시간이 쌓이면 나중에는 내가 일하지 않아도 돈이 들어온다. 많은 사람들이 이 시간을 아까워한다. "당장 돈도 안 되는데 왜 해야 해?" 하지만 이것이 부자와 가난한 사람의 차이다. 부자는 미래를 위해 투자하고, 가난한 사람은 오늘만 본다. 목표는 전체 시간의 30% 이상을 여기에 쓰는 것이다. 처음에는 힘들다. 당장 수익이 줄어들 수도 있다. 하지만 6개월, 1년 후에는 완전히 다른 결과가 나타난다.

3순위 관계를 만드는 시간

이것은 Network Time이다. 사람과의 관계에 투자하는 시간이다. 고객과의 관계, 파트너와의 관계, 직원과의 관계. 이런 관계가 쌓이면 기회가 온다. 정보가 들어오고, 협력이 생기며, 시너지가 만들어진다. "시간 낭비 아니야?"라고 생각하는가? 틀렸다. 모든 기회는 사람을 통해 온다. 혼자서는 한계가 있다. 함께해야 더 멀리 갈 수 있다. 전체 시간의 20%는 관계에 투자하라. 식사 약속, 커피 미팅, 네트워킹 파티. 당장은 아무 결과가 없어 보여도, 나중에는 이 시간이 가장 큰 수익을 만들어낸다.

4순위 에너지를 충전하는 시간

이것은 Recovery Time이다. 쉬고, 놀고, 충전하는 시간이다. "4순위라고? 가장 중요하지 않다는 뜻인가?" 아니다. 순위가 낮다는 것이 아니라 기본이라는 뜻이다. 이것 없이는 나머지 3개도 불가능하다. 운동하는 시간, 가족과 보내는 시간, 취미 생활하는 시간. 심지어 유튜브 보는 시간도 필요하다. 인스타 릴스를 보면서 웃는 것도 에너지 충전이다. 다만 조절이 필요하다. 하루 종일 유튜브만 본다면? 그것은 충전이 아니라 방전이다. 적절한 휴식은 약이지만 과도한 휴식은 독이다. 전체 시간의 20-30%는 충전에 써라. 죄책감 가질 필요 없다. 이것도 전략이다. 제대로 쉬어야 제대로 일할 수 있다.

황금 비율 찾기

이 4가지 시간의 비율은 사람마다, 시기마다 다르다.

	Cash Time	System Time	Network Time	Recovery Time
창업 초기라면?	50%	30%	10%	10%
안정기에 접어들면?	30%	40%	20%	10%
규모를 키울 때는?	10%	30%	40%	20%

중요한 것은 자신의 상황에 맞는 비율을 찾는 것이다. 그리고 의식적으로 시간을 배분하는 것이다. 대부분의 사람들은 Cash Time에만 올인한다. 그래서 영원히 시간의 노예로 산다. 똑똑한 사람은 4가지 시간을 균형 있게 배분한다. 그래서 시간의 주인이 된다.

시간 관리법 2: 나만의 리듬을 찾아라

"성공한 사람들은 새벽 4시에 일어난다"

이런 말에 속지 마라. 애플의 CEO 팀 쿡이 새벽 4시에 일어난다고 해서 당신도 그래야 하는 것은 아니다. 중요한 것은 남의 루틴이 아니라 나만의 리듬이다.

남의 루틴을 맹목적으로 따라하지 마라

인터넷에는 성공한 사람들의 루틴이 넘쳐난다. "빌 게이츠의 아침 루틴", "일론 머스크의 시간 관리법". 읽고 나면 당장 따라 하고 싶어진다. 하지만 며칠 못 가 포기한다. 왜? 나에게 맞지 않으니까. 사람마다 생체 리듬이 다르다. 누군가는 아침에 에너지가 넘치고, 누군가는 밤에 집중력이 최고조에 달한다. 누군가는 한 번에 4시간씩 집중할 수 있고, 누군가는 30분마다 쉬어야 한다. 남의 루틴을 그대로 따라 하는 것은 남의 옷을 입는 것과 같다. 사이즈도 안 맞고, 스타일도 안 맞는다. 불편하기만 하다.

그렇다면 어떻게 해야 할까? 실험하라. 다양한 방법을 시도해보고, 나에게 맞는 것을 찾아라. 시간이 걸리더라도 나만의 리듬을 찾는 것이 중요하다.

아침형 vs 저녁형: 나의 골든타임은?

과학적으로 증명된 사실이다. 사람은 크게 세 가지 타입으로 나뉜다. 첫째, 종달새형(아침형). 전체 인구의 약 25%. 아침 6시-10시에 최고의 컨디션을 보인다. 이들에게는 아침이 골든타임이다. 중요한 일은 아침에 처리하는 것이 가장 효율적이다. 둘째, 올빼미형(저녁형). 전체 인구의 약 25%. 저녁 6시-10시에 집중력이 최고조에 달한다. 이들은 아침에 억지로 일어나봤자 효율이 떨어진다. 차라리 늦게 자고 늦게 일어나는 것이 낫다. 셋째, 중간형. 전체 인구의 약 50%. 특별히 아침이나 저녁을 선호하지 않는다. 상황에 따라 유연하게 적응할 수 있다.

당신은 어느 타입인가? 모르겠다면 2주간 실험해보라. 일주일은 아침형으로, 일주일은 저녁형으로 살아보라. 어느 쪽이 더 생산적인지, 어느 쪽이 더 행복한지 느낄 수 있을 것이다. 타입을 알았다면 그에 맞게 하루를 설계하라. 골든타임에는 가장 중요한 일을, 그 외 시간에는 덜 중요한 일을 배치하라.

집중력의 한계를 인정하고 활용하라

"하루 12시간씩 집중해서 일한다"

거짓말이다. 인간의 집중력에는 한계가 있다. 연구에 따르면 성인의 평균 집중 시간은 45-90분이다. 그 이상은 효율이 급격히 떨어진다. 그런데 많은 사람들이 이를 무시한다. 4시간, 5시간씩 쉬지 않고 일한다. 집중한다고 생각하지만 실제로는 멍하니 있는 시간이 대부분이다. 그러나 똑똑한 사람은 다르다. 집중력의 한계를 인정하고 활용한다. 포모도로 기법을 아는가? 25분 집중, 5분 휴식을 반복하는 것이다. 단순해 보이지만 효과는 놀랍다. 짧은 시간 동안 극도로 집중하고, 규칙적으로 쉬면서 집중력을 회복한다. 90분 주기를 활용하는 방법도 있다. 90분 집중, 20분 휴식. 이것은 우리 몸의 리듬과 일치한다. 자연스럽게 집중하고 자연스럽게 쉴 수 있다. 중요한 것은 쉬는 시간에 제대로 쉬는 것이다. 스마트폰을 보는 것은 휴식이 아니다. 뇌가 계속 일하고 있기 때문이다. 차라리 잠깐 산책하거나, 스트레칭하거나, 명상하는 것이 낫다.

에너지 레벨에 맞는 업무 배치

하루 중 에너지 레벨은 계속 변한다. 아침에 100이었다가 점심 후 50으로 떨어지고, 오후에 다시 70으로 올라간다. 많은 사람들이 이를 무시하고 일한다. 에너지가 떨어졌을 때 중요한 일을 하려고 하고, 에너지가 넘칠 때 단순 작업을 한다. 이는 비효율의 극치다. 창의적인 일, 중요한 의사결정이나 어려운 문제 해결등을 에너지 레벨에 맞게 재배치해야 한다.

- **중간 에너지 시간:** 미팅, 전화 통화, 일상적인 업무, 커뮤니케이션
- **저에너지 시간**(점심 직후, 늦은 오후)**:** 단순 반복 작업, 이메일 정리, 자료 정리, 계획 수립

이렇게 하면 같은 시간을 일해도 2배의 성과를 낼 수 있다. 에너지와 업무의 매칭, 이것이 효율의 비밀이다. 그리고 또 자신의 에너지 패턴을 기록해보라. 일주일만 기록해도 패턴이 보인다. 언제 에너지가 높은지, 언제 낮은지. 이것을 알면 하루를 완전히 다르게 설계할 수 있다.

시간 관리법 3: 시간을 만드는 기술

시간은 만드는 것이다. 하루 24시간은 모두에게 똑같지만, 어떤 사람은 24시간을 48시간처럼 쓴다. 비밀은 효율성에 있다.

일괄처리 Batching로 효율성 극대화

이메일 알림이 뜬다. 바로 확인한다. 5분 후 또 알림이 뜬다. 또 확인한다. 하루에 이런 일이 몇 번이나 반복되는가? 이것이 시간을 잡아먹는 주범이다. 작업 전환에는 비용이 든다. 한 가지 일에 집중하다가 다른 일로 전환하면, 다시 집중하는 데 평균 23분이 걸린다고 한다. 해결책은 일괄처리다. 비슷한 일은 모아서 한 번에 처리하는 것이다. 이메일은 하루에 2-3번만 확인한다. 아침, 점심, 퇴근 전. 나머지 시간에는 알림을 꺼둔다. 한 번 확인할 때 모든 메일을 처리한다. 답장, 삭제, 보관. 깔끔하게 정리한다.

전화도 마찬가지다. 가능하면 시간을 정해두고 한다. "오후 2-3시는 전화 시간입니다." 이렇게 공지하면 상대방도 그 시간에 맞춰 연락한다. SNS 확인, 뉴스 읽기, 자료 조사. 모든 것을 일괄처리하라. 시간을 정해두고, 그 시간에만 한다. 나머지 시간에는 완전히 차단한다. 처음에는 불안할 수 있다. "급한 일이 생기면 어떡하지?" 하지만 정말 급한 일은 거의 없다. 대부분은 조금 늦어도 괜찮은 일들이다.

템플릿과 체크리스트의 위력

똑같은 일을 매번 처음부터 하는가? 시간 낭비다. 자주 쓰는 이메일 답장이 있다면 템플릿을 만들어라. 인사말, 본문 구조, 맺음말. 기본 틀을 만들어두고 필요한 부분만 수정한다. 10분 걸릴 일이 1분이면 끝난다. 제안서, 보고서, 계획서도 마찬가지다. 한 번 잘 만들어둔 템플릿은 평생 써먹을 수 있다. 처음에 시간을 투자해서 좋은 템플릿을 만들어라. 그것이 미래의 시간을 아껴준다.

체크리스트도 강력한 도구다. 아침 루틴, 프로젝트 시작 전 확인사항, 퇴근 전 마무리 작업. 반복되는 모든 일에는 체크리스트를 만들어라. 체크리스트의 장점은 무엇일까? 첫째, 실수를 줄인다. 빠뜨리는 것 없이 모든 것을 처리할 수 있다. 둘째, 생각할 필요가 없다. 그냥 따라 하면 된다. 셋째, 다른 사람에게 위임하기 쉽다. 체크리스트만 주면 누구나 할 수 있다.

반복 작업은 자동화하라

21세기에 살면서 20세기 방식으로 일하는가? 매달 같은 보고서를 만든다면 자동화하라. 엑셀의 매크로 기능만 써도 시간을 크게 줄일 수 있다. 매주 같은 데이터를 수집한다면 자동화 도구를 쓰면 좋다. 웹 스크래핑, API 연동 등 한 번 설정해두면 자동으로 데이터가 모인다. 이메일 필터링, 일정 관리, 소셜미디어 포스팅 등 거의 모든 반복 작업은 자동화할 수 있다. Zapier, IFTTT 같은 도구를 활용하면 코딩 없이도 가능하다. "자동화하는 게 더 복잡한데?" 처음에는 그럴 수 있다. 하지만 장기적으로 보라. 매주 1시간씩 하는 일을 자동화하는 데 10시간이 걸린다면? 10주면 본전이고, 그 이후는 모두 이익이다.

자동화의 진짜 가치는 시간 절약만이 아니다. 실수가 줄어들고, 일관성이 높아지며, 스트레스가 줄어든다. 단순 반복 작업에서 해방되면 더 창의적인 일에 집중할 수 있다.

시스템화로 시간을 창출하라

시스템이 없으면 매번 일을 해야 한다. 고객 응대를 예로 들어보자. 자주 받는 질문이 있을 것이다. 매번 새로 답변을 쓰는가? 시간 낭비다. FAQ를 만들고, 표준 답변을 준비하라. 나아가 챗봇을 도입하면 80%의 질문은 자동으로 해결된다. 업무 프로세스도 시스템화하라. 신규 프로젝트를 시작할 때마다 우왕좌왕하는가? 표준 프로세스를 만들어라. 킥오프 미팅 체크리스트, 단계별 산출물 템플릿, 완료 기준. 한 번 만들어두면 모든 프로젝트에 적용할 수 있다. 시스템의 핵심은 '한 번 만들어 백 번 쓰기'다. 처음에는 시간이 걸린다. 하지만 그 시간은 투자다. 미래의 시간을 사는 것이다. 매일 하는 일 중에서 시스템화할 수 있는 것을 찾아라. 그리고 하나씩 시스템을 만들어라. 1년 후에는 일하는 시간은 절반으로 줄고, 성과는 두 배로 늘어날 것이다.

시간 관리법 4: "No"라고 말하는 용기

시간 관리의 본질은 무엇을 할지 정하는 것이 아니다. 무엇을 하지 않을지 정하는 것이다.

모든 요청을 받아들일 수 없다

"잠깐만 도와줄 수 있어?", "이것만 부탁할게.", "금방 끝나는 일이야." 하루에 이런 부탁을 몇 번이나 받는가? 그리고 몇 번이나 거절하는가? 대부분의 사람들은 거절하지 못한다. 왜? 미안해서, 관계가 나빠질까 봐, 나쁜 사람으로 보일까 봐. 하지만 모든 Yes는 다른 것에 대한 No다. 동료의 부탁에 Yes라고 하면, 내 중요한 일에 No라고 하는 것이다. 의미 없는 회의에 Yes라고 하면, 가족과의 시간에 No라고 하는 것이다. 수학적으로 생각해보자. 하루 8시간 근무 중 남의 부탁으로 2시간을 쓴다면? 25%의 시간을 남을 위해 쓰는 것이다. 1년이면 3개월이다. 10년이면 2.5년이다. 당신 인생의 2.5년을 남에게 준 것이다. 이것이 정말 당신이 원하는 삶인가?

거절의 기술과 우아한 No

"그냥 싫어요"라고 말할 수는 없다. 거절에도 기술이 필요하다. 첫째, 즉답을 피하라. "확인해보고 알려드릴게요." 시간을 벌면 더 좋은 답을 찾을 수 있다. 상대방도 당장 거절당하는 것보다 낫다고 느낀다. 둘째, 이유를 설명하라. "지금 마감이 임박한 프로젝트가 있어서 어려울 것 같습니다." 구체적인 이유가 있으면 상대방도 이해한다. 셋째, 대안을 제시하라. "제가 대신 도움드릴 수는 없지만, ○○님이 이 분야 전문가시니 여쭤보시면 어떨까요?" 완전한 거절보다 부드럽다. 넷째, 부분적으로 수락하라. "전체는 어렵지만, 이 부분은 도와드릴 수 있습니다." 선택적 수락은 관계를 유지하면서도 시간을 지킬 수 있다. 다섯째, 시간을 조정하라. "지금은 어렵지만 다음 주는 가능합니다." 당장은 아니어도 나중에 도울 의향이 있음을 보여준다.

선택과 집중의 힘

워런 버핏의 5/25 규칙을 아는가? 하고 싶은 일 25개를 적는다. 그중 가장 중요한 5개를 고른다. 그리고 나머지 20개는 절대 하지 않는다. "언젠가 할 일" 목록에도 넣지 않는다. 완전히 포기한다. 왜? 그 20개가 진짜 중요한 5개를 방해하기 때문이다. "이것도 하면 좋겠다"는 생각이 집중을 흐트러뜨린다. 이것이 선택과 집중의 본질이다. 좋은 것을 포기해야 위대한 것을 얻을 수 있다. 많은 것을 조금씩 하는 것보다 적은 것을 제대로 하는 것이 낫다. 당신의 25개는 무엇인가? 그리고 진짜 중요한 5개는 무엇인가? 나머지 20개를 포기할 용기가 있는가?

경계선을 만들어야 시간이 생긴다

경계선이 없으면 모든 것을 침범 받는다. 업무 시간의 경계선을 정하라. "저녁 7시 이후에는 업무 연락을 받지 않습니다." 처음에는 불편할 수 있다. 하지만 곧 모두가 적응한다. 개인 시간의 경계선을 정하라. "토요일 오전은 가족 시간입니다." 이 시간만큼은 절대 양보하지 않는다. 아무리 중요한 일이라도. 집중 시간의 경계선을 정하라. "오전 9-11시는 집중 시간입니다. 급한 일이 아니면 오후에 찾아주세요." 문을 닫고, 전화를 끄고, 메신저를 차단한다. 경계선은 이기적인 것이 아니다. 오히려 프로페셔널한 것이다. 자신의 시간을 관리할 줄 아는 사람이 남의 시간도 존중할 줄 안다. 경계선을 만들 때 중요한 것은 일관성이다. 한 번 예외를 허용하면 무너진다. "이번만 특별히"가 "항상 특별히"가 된다. 당신의 시간은 당신의 것이다. 그 누구도 허락 없이 가져갈 권리가 없다. 경계선을 만들고, 지키고, 존중받아라. 그것이 시간의 주인이 되는 길이다.

시간 관리법 5: 에너지 관리가 곧 시간 관리

시간이 있어도 에너지가 없으면 아무것도 할 수 없다. 진짜 시간 관리는 에너지 관리다.

시간이 있어도 에너지가 없으면 무용지물

금요일 오후 4시. 시간은 있다. 할 일도 있다. 하지만 머리가 돌아가지 않는다. 멍하니 모니터만 바라본다. 30분이 지났는데 한 줄도 쓰지 못했다. 이런 경험이 있는가? 물론이다. 모두가 겪는 일이다. 문제는 우리가 시간만 관리하려고 한다는 것이다. "하루 8시간 일하면 되겠지." 하지만 8시간 내내 100%의 효율을 낼 수는 없다. 에너지가 바닥나면 시간만 때우게 된다. 연구에 따르면 직장인의 실제 생산적인 시간은 하루 평균 2시간 53분이라고 한다. 나머지는? 이메일 확인, 쓸데없는 회의, 인터넷 서핑, 멍 때리기 등이다. 왜 이럴까? 에너지 관리를 하지 않기 때문이다.

에너지 회복 시간의 중요성

에너지는 무한하지 않다. 휴대폰 배터리처럼 쓰면 닳고, 충전하면 차오른다. 그런데 많은 사람들이 충전 없이 계속 쓰기만 한다. 점심시간에도 일하고, 퇴근 후에도 일을 집에 가져가며, 주말에도 일 생각을 한다. 배터리가 0%가 될 때까지 쓴다. 그러면 어떻게 될까? 번아웃이 온다. 아무것도 하기 싫고, 모든 것이 귀찮으며, 작은 일에도 짜증이 난다. 효율은 바닥을 치고, 실수는 늘어난다. 에너지 회복은 선택이 아니라 필수다.

산책의 마법

스티브 잡스는 중요한 결정을 할 때 산책을 했다. 아인슈타인도 매일 산책을 했다. 우연일까? 아니다. 걷기는 뇌에 산소를 공급하고, 창의력을 높이며, 스트레스를 줄인다. 10분만 걸어도 에너지가 회복된다. 막힌 문제가 풀리고, 새로운 아이디어가 떠오른다. 점심 후 10분, 오후 3시에 10분. 하루 20분만 투자해도 효과는 놀랍다. 시간 낭비가 아니라 시간 투자다.

운동과 명상

운동은 에너지를 쓰는 것 같지만 실제로는 에너지를 만든다. 규칙적인 운동은 체력을 높이고, 집중력을 개선하며, 수면의 질을 높인다. 거창할 필요 없다. 아침에 10분 스트레칭, 점심에 계단 오르기, 저녁에 요가. 작은 운동이라도 꾸준히 하면 큰 차이를 만든다. 명상도 강력한 도구다. 하루 5분만 투자해도 마음이 안정되고, 집중력이 높아진다. 복잡한 명상법은 필요 없다. 그냥 조용히 앉아서 호흡에 집중하는 것만으로도 충분하다.

놀이와 취미의 가치

"놀 시간이 어딨어?"

이렇게 말하는 사람일수록 놀아야 한다. 놀이는 사치가 아니라 필수다. 좋아하는 드라마 보기, 게임하기, 그림 그리기, 음악 듣기. 뭐든 좋다. 일과 완전히 관계없는 것을 하면서 뇌를 쉬게 하라. 유튜브나 인스타를 보는 것도 괜찮다. 다만 적절히 조절해야 한다. 10분 보려다가 2시간을 날리면 안 된다. 타이머를 맞춰두고 정해진 시간만 보라. 취미 활동은 더 좋다. 요리, 정원 가꾸기, 악기 연주, 사진 찍기. 창조적인 활동은 에너지를 회복시킬 뿐 아니라 새로운 에너지를 만들어낸다.

가족, 친구와의 시간

사람은 사회적 동물이다. 혼자서는 에너지를 충전하기 어렵다. 가족과 저녁 먹기, 친구와 커피 마시기, 연인과 데이트하기. 이런 시간이 에너지를 준다. 일 이야기는 하지 않는 것이 규칙이다. 그저 함께 있는 것을 즐긴다. "시간이 아까운데?" 그렇게 생각할 수 있다. 하지만 관계에 투자한 시간은 몇 배로 돌아온다. 나와 함께 한 사람들은 내가 힘들 때 위로가 되고, 기쁠 때 함께 축하하며, 어려울 때 도움을 준다.

번아웃을 예방하는 지혜

번아웃은 갑자기 오지 않는다. 신호를 보낸다.

- **첫 번째 신호:** 피로가 쌓인다. 주말에 쉬어도 피곤하고, 아침에 일어나기 힘들다.
- **두 번째 신호:** 의욕이 떨어진다. 전에는 재미있던 일이 귀찮고, 새로운 도전이 부담스럽다.
- **세 번째 신호:** 짜증이 늘어난다. 사소한 일에도 화가 나고, 관계가 나빠진다
- **네 번째 신호:** 몸이 아프다. 두통, 소화불량, 불면증. 몸이 SOS를 보낸다.

이런 신호가 오면 즉시 브레이크를 밟아라. 며칠 휴가를 내거나, 업무량을 줄이거나, 도움을 요청하라. 그럴 시간이 없다고? 번아웃으로 쓰러지면 몇 달을 일하지 못한다. 지금 며칠 쉬는 것과 나중에 몇 달 쉬는 것, 어느 쪽이 나은가? 예방이 최선이다. 규칙적으로 휴식을 취하고, 에너지 수준을 모니터링하며, 한계를 인정하라. 마라톤 선수도 쉬지 않고 달리지는 않는다. 페이스를 조절한다. 당신의 인생은 단거리 경주가 아니라 마라톤이다. 끝까지 완주하려면 에너지 관리가 필수다.

나만의 시간 관리 철학 만들기

왜 남의 방법은 나에게 안 맞을까

"새벽 5시 기상, 찬물 샤워, 108배…" 성공한 사람들의 루틴을 따라 해봤다. 3일 만에 포기했다. 왜? 남의 옷을 입은 것처럼 불편했으니까. 시간 관리에 정답은 없다. 100명이 있으면 100가지 방법이 있다. 중요한 것은 나에게 맞는 방법을 찾는 것이다.

내 삶의 패턴 파악하기

먼저 자신을 알아야 한다.

나는 언제 가장 집중이 잘 되는가?	새벽의 고요함 속에서?
	오전의 활기찬 에너지로?
	밤의 조용한 시간에?
나는 어떤 환경에서 일이 잘 되는가?	완전한 침묵 속에서?
	카페의 적당한 소음 속에서?
	음악을 들으며?
나의 집중력은 얼마나 지속되는가?	2시간 연속 가능?
	30분마다 쉬어야 함?
	기분에 따라 다름?

이런 질문에 솔직하게 답해보라. 그것이 시작이다.

실험과 조정의 반복

찾았다고 끝이 아니다. 계속 실험하고 조정해야 한다. 이번 주는 아침형으로 살아보라. 다음 주는 저녁형으로. 그다음 주는 중간형으로. 뭐가 가장 편하고 생산적인지 몸으로 느껴보라. 포모도로 기법(25분 집중)이 맞는지, 90분 주기가 맞는지, 아니면 자유롭게 하는 게 맞는지. 해봐야 안다. 정답을 찾으려 하지 마라. 지금의 나에게 맞는 방법을 찾으면 된다. 그리고 그것도 바뀔 수 있다. 20대의 방법과 40대의 방법이 같을 수 없다.

실전: 오늘부터 바꾸는 작은 습관들
미니멀 시간 관리 시작하기

복잡한 시스템은 필요 없다. 심플하게 시작하라.

단 하나만 바꾸기

첫 주	하루 중 가장 중요한 일 1개를 정하고, 그것만큼은 끝내기
둘째 주	가장 시간을 많이 잡아먹는 것 1개 줄이기
셋째 주	나만의 집중 시간 1시간 확보하기

시간 관리 도구는 단순하게

복잡한 앱, 화려한 플래너는 필요 없다.

추천 도구

- **스마트폰 기본 메모장:** 할 일 3개 적기
- **타이머:** 집중 시간 측정
- **달력:** 중요한 일정만 표시

도구에 시간 쏟지 마라. 도구는 도구일 뿐이다.

실패해도 괜찮은 마인드셋

"오늘도 계획대로 안 됐네…"

괜찮다. 내일 다시 하면 된다. 시간 관리는 마라톤이지 단거리 경주가 아니다.

실패를 대하는 자세

- 왜 안 됐는지 간단히 생각하기 (5분 이내)

- 내일은 어떻게 개선할지 정하기
- 자책하지 않고 다시 시작하기

완벽한 날보다 꾸준한 개선이 중요하다.

마무리: 시간은 선택이다
시간 부자가 되는 단순한 진리

시간 관리의 핵심은 한 문장으로 정리된다. "중요한 것을 먼저 하고, 중요하지 않은 것은 하지 않는다." 이게 전부다. 나머지는 모두 이것을 실천하기 위한 방법일 뿐이다.

당신의 24시간, 당신의 선택

매일 24시간이 주어진다. 이것으로 무엇을 할지는 당신의 선택이다. 남의 기대에 부응하며 살 수도 있고, 자신의 꿈을 향해 갈 수도 있다. 바쁘다는 핑계로 현실에 안주할 수도 있고, 시간을 만들어 미래를 바꿀 수도 있다. 선택은 당신의 것이다.

오늘이 시작이다

이 책을 읽은 것만으로는 아무것도 바뀌지 않는다. 행동해야 바뀐다.

> **지금 당장 할 수 있는 것**
> 1. 오늘 가장 중요한 일 1개 정하기
> 2. 그것을 언제 할지 정하기
> 3. 실행하기

복잡하게 생각하지 마라. 시작이 반이다. 당신의 시간은 당신이 통제할 수 있다. 오늘부터 인생의 주인으로 살아라.

chapter 3

나만의 성과를 내는 루틴

"새벽 4시에 일어나서 명상하고…"

이런 소리 들으면 짜증부터 난다. 나는 새벽 4시에 일어날 수 없는 인간이다. 억지로 일어나봤자 하루 종일 멍하다. 공무원 시절에는 남들 하는 대로 따라 했다. 일찍 일어나려고 애썼고, 아침에 중요한 일을 하려고 노력했다. 결과는 형편없었다. 퇴사하고 나서야 깨달았다. 나는 올빼미형 인간이라는 것을. 밤이 되면 머리가 돌아가기 시작하고, 새벽이 되면 아이디어가 폭발한다는 것을. 그래서 내 루틴을 완전히 바꿨다. 남들이 뭐라 하든 상관없었다. 내게 맞는 방식을 찾았다.

그 결과, 모든 게 바뀌었다. 루틴이 바뀌자 인생이 바뀌었다.

성과는 우연이 아니라 루틴의 결과였다.

디노의 24시간 루틴 공개

내 하루는 남들과 다르다. 그리고 그것이 나의 경쟁력이다.

10:30-11:30 자연스러운 기상과 여유로운 준비

알람 없이 자연스럽게 눈을 뜬다. 대부분 10시 30분에서 11시 사이. 몸이 원하는 만큼 충분히 잔다. "게으르다"고? 아니다. 나는 새벽 3-4시까지 일하기에 8시간 수면은 기본이다. 억지로 일찍 일어나봤자 하루 종일 멍하다. 침대에서 10분 정도 스트레칭을 한다. 스마트폰은 아직 안 본다. 천천히 몸을 깨운다. 샤워를 하면서 오늘 할 일을 대충 떠올린다. 구체적인 계획은 아니고, 그냥 "오늘은 이런 날이구나" 정도의 느낌. 브런치는 간단하게 과일, 요거트, 토스트 정도. 무겁게 먹으면 또 졸리다. 커피는 진하게 한 잔 마신다. 이 시간의 핵심은 '여유'다. 하루를 급하게 시작하면 끝까지 정신없다.

11:30-12:30 이메일 체크와 하루 계획

컴퓨터를 켜고 이메일부터 확인한다. 밤사이 무슨 일이 있었는지 파악한다. 급한 건 바로 답장하고, 나머지는 나중에 처리한다. 이메일에 하루를 지배당하면 안 된다. 그다음 오늘의 MIT_{Most}

Important Tasks 3개를 정한다.

1. 가장 중요한 것 (오늘 반드시)
2. 두 번째 중요한 것 (가능하면)
3. 세 번째 (시간 남으면)

달력을 확인하고 시간 배분을 한다. 미팅이 있으면 그 시간을 피해서 중요한 일을 배치한다. 이 1시간이 하루를 결정한다. 계획 없이 시작하면 남의 일정에 끌려다닌다.

12:30-14:00 점심 및 산책

아침을 가볍게 한 대신 점심은 든든하게 먹는다. 혼자 먹는 날도 있고, 누군가와 같이 먹는 날도 있다. 하지만 업무 이야기는 최소화한다. 밥 먹으면서 일하면 소화가 안 된다. 식후 20-30분은 꼭 산책한다. 소화도 시키고, 머리도 맑게 하며 오후 계획을 다시 점검한다. 산책하다가 좋은 아이디어가 떠오르면 스마트폰에 메모도 한다. 걷기의 마법은 정말 존재한다.

14:00-17:00 미팅과 소통 시간

오후 초반은 사람들과 소통하는 시간으로 쓴다. 팀 미팅, 파트너 미팅, 고객 미팅 등. 점심 먹고 나면 잠시 에너지가 떨어진다.

혼자 집중하기보다는 사람들과 이야기하는 게 낫다. 미팅은 최대 1시간. 그 이상은 시간 낭비다. 30분이면 더 좋다. 핵심만 이야기하고 끝낸다. 전화 통화도 이 시간에 몰아서 한다. 하루 종일 전화 받으면 아무것도 못한다. 이 시간은 '연결'의 시간이다. 혼자서는 한계가 있다. 사람들과 소통하면서 새로운 기회를 만든다.

17:00-19:00 오후 업무 처리

집중력이 조금씩 올라오기 시작한다. 하지만 아직 골든타임은 아니다. 이 시간에는 이메일 답장, 자료 정리, 간단한 문서 작업같은 중간 난이도의 일을 한다. 팀원들과의 소통도 이 시간에 집중적으로 한다. 중요한 것은 저녁 시간을 위해 에너지를 아끼는 것이다. 전력 질주하면 안 된다.

19:00-21:00 저녁 식사와 완전한 휴식

칼같이 업무를 멈춘다. 이것은 양보할 수 없다. 집에서 편하게 저녁을 먹는다. TV를 보든, 유튜브를 보든, 넷플릭스를 보든, 완전히 쉰다. 가족이나 친구와 시간을 보내기도 한다. 일 이야기는 중단하고 일상적인 대화만 한다. 이 2시간은 충전 시간이다. 배터리를 100%로 채운다. 이게 없으면 밤에 집중할 수 없다.

`21:00-02:00` 골든타임 (핵심 업무 집중)

드디어 내 골든 타임이 왔다. 집중력이 최고조에 달한다. 아이디어가 샘솟고, 손가락이 춤을 춘다. 이 시간에는 오직 MIT 1번에만 집중한다. 가장 중요하고, 가장 어렵고, 가장 창의적인 일들. 전략 수립, 콘텐츠 제작, 신사업 기획 같이 돈을 만드는 진짜 일들이다. 완전히 몰입하기 위해 핸드폰은 무음으로 해놓고 메신저도 로그아웃한다. 2시간 집중, 10분 휴식을 반복한다. 이 5시간이 하루의 80% 성과를 만든다. 다른 시간은 모두 이 시간을 위한 준비다.

`02:00-03:30` 개인 시간과 학습

일은 끝났으니 이제 나를 위한 시간이다. 책을 읽거나, 강의를 듣거나, 새로운 것을 배운다. 하루 1시간 반 학습이 1년이면 500시간이 넘는다. 가끔은 그냥 넷플릭스를 보거나 재미있는 유튜브를 본다. 놀 때는 제대로 논다. 잠들기 전 10분은 오늘을 정리한다. 뭘 했는지, 뭘 배웠는지, 내일은 뭘 할지. 새벽 3시 반쯤 잠든다. 남들은 미쳤다고 하지만, 나는 이게 가장 자연스럽다.

왜 이런 루틴인가?

"오전을 다 날리는 거 아니야?"

아니다. 나는 밤에 일하는 사람이다. 남들이 퇴근하고 쉴 때, 나는 가장 생산적이다. 이 루틴의 핵심은 '에너지 관리'다. 남들은

9 to 6로 일한다. 하지만 하루 종일 집중하는 사람은 거의 없다. 대부분 시간만 때운다. 하지만 나는 다르다. 5시간만 일한다. 대신 그 5시간이 남들의 하루치보다 생산적이다. 집중력이 다르니까. "그럼 아침형 인간들은?" 그들은 그들대로 하면 된다. 중요한 것은 자신의 리듬을 찾는 것이다. 나는 저녁형 인간이라는 사실을 인정하고 최적화했다.

당신도 당신의 리듬을 찾아라. 그리고 당당하게 살아라. 남의 기준에 맞출 필요 없다.

왜 루틴이 성과를 만드는가
의지력은 한정된 자원이다

매일 아침 일어나서 "오늘은 뭘 하지?" 고민한다면? 이미 지고 들어가는 것이다. 의지력은 근육과 같다. 쓸수록 지친다. 아침에 입을 옷을 고민하고, 뭘 먹을지 고민하고, 뭘 먼저 할지 고민하면? 정작 중요한 일을 할 때는 의지력이 바닥난다. 스티브 잡스가 왜 매일 같은 옷을 입었을까? 마크 저커버그가 왜 회색 티셔츠만 입을까? 의사결정 피로를 줄이기 위해서다. 루틴은 이런 쓸데없는 결정을 없애준다. 그렇게 에너지를 아껴서 정말 중요한 곳에 쓸 수 있게 한다.

루틴이 주는 자동화의 힘

처음 운전을 배울 때를 기억하는가? 기어 변속, 브레이크, 사이드미러... 모든 것을 신경 써야 했다. 지금은? 무의식적으로 운전한다. 심지어 다른 생각을 하면서도 운전한다. 루틴도 마찬가지다. 처음에는 의식적으로 해야 한다. "9시다, 이제 일해야지." 하지만 3주만 지나면? 9시가 되면 자동으로 책상에 앉아있다. 이것이 자동화의 힘이다. 생각할 필요가 없다. 그냥 한다. 에너지 소모가 거의 없다.

작은 실행이 만드는 복리 효과

매일 1시간 책을 읽는다고 하자. 별것 아닌 것 같다. 하지만 1년이면? 365시간이다. 하루 8시간 기준으로 45일이다. 한 달 반을 온전히 책만 읽은 것과 같다. 매일 2시간 핵심 업무를 한다면? 1년이면 730시간. 3개월을 온전히 핵심 업무만 한 것이다. 이것이 복리다. 작은 것이 쌓여서 큰 것이 된다. 루틴은 이 복리를 자동으로 만들어준다.

뇌과학으로 보는 습관의 위력

습관은 뇌의 기저핵이라는 곳에 저장된다. 한 번 형성되면 평생 간다. 자전거 타기를 한 번 배우면 잊어버리지 않는 것처럼, 루틴도 한 번 몸에 배면 의식하지 않아도 실행된다. 더 놀라운 것은,

습관적 행동을 할 때는 뇌가 에너지를 거의 쓰지 않는다는 것이다. 새로운 일을 할 때보다 70% 적은 에너지를 쓴다. 그래서 루틴이 있는 사람이 더 많은 일을 할 수 있다. 에너지를 아끼니까.

효과적인 루틴 설계의 5가지 원칙

원칙1 단순할수록 강력하다

"5시 30분 기상, 5시 35분 물 마시기, 5시 40분 스트레칭, 5시 50분 명상…" 이런 복잡한 루틴은 실패한다. 왜? 지킬 수 없으니까. 좋은 루틴은 단순하다.

- **아침 루틴:** 일어나서 ➔ 씻고 ➔ 중요한 일 하나
- **저녁 루틴:** 저녁 먹고 ➔ 쉬고 ➔ 집중 시간

이게 전부다. 복잡하게 만들수록 포기하기 쉽다. 처음에는 큰 덩어리로 시작하라. 익숙해지면 세분화할 수 있다. 하지만 처음부터 복잡하면 3일 만에 포기한다.

원칙2 에너지 레벨을 고려하라

모든 시간이 똑같지 않다. 어떤 시간은 에너지가 넘치고, 어떤 시간은 축 처진다. 자신의 에너지 패턴을 파악하라. 일주일 동안 시간대별로 에너지 레벨을 1-10으로 기록해보라.

나의 경우:

- **오전** (11-13시): 에너지 레벨 4-5
- **오후** (14-17시): 에너지 레벨 6-7
- **저녁** (21-02시): 에너지 레벨 9-10

이걸 알면 루틴을 최적화할 수 있다. 에너지가 높을 때 중요한 일을, 낮을 때 단순한 일을 하면 된다.

원칙 3 버퍼 시간을 반드시 넣어라

"9시-10시 A 작업, 10시-11시 B 작업, 11시-12시 C 작업…" 이렇게 빡빡하게 짜면 망한다. 왜? 현실은 계획대로 되지 않으니까. A 작업이 10분 늦게 끝났다. 그럼 B도 밀리고, C도 밀린다. 결국 스트레스만 받고 포기한다. 이럴 땐 버퍼 시간을 넣어라. 1시간 작업 후 10-15분 여유. 이 시간이 쿠션이 된다. 늦어져도 만회할 수 있고, 일찍 끝나면 쉴 수 있다. 내 루틴도 보면 시간이 겹치지 않는다. 각 블록 사이에 여유가 있다. 이게 지속 가능한 비결이다.

원칙 4 측정 가능한 것만 넣어라

"열심히 일하기", "최선을 다하기", "긍정적으로 생각하기" 이런 건 측정할 수 없으니 루틴이 아니다.

좋은 루틴은 아래처럼 구체적이고 측정 가능한 것이다.
- "고객 제안서 1개 완성하기"
- "블로그 포스트 1개 쓰기"
- "30분 운동하기"

했는지 안 했는지 명확히 알 수 있어야 한다. 애매하면 자기 합리화하기 쉽다.

원칙 5 유연성을 허용하라

"루틴은 무조건 지켜야 해!" 이런 강박은 독이다. 루틴은 도구일 뿐이다. 출장을 가면? 루틴이 깨진다. 아프면? 루틴을 못 지킨다. 중요한 일이 생기면? 루틴을 바꿔야 한다. 그래도 괜찮다. 루틴의 80%만 지켜도 성공이다. 100% 지키려다 스트레스받고 포기하는 것보다, 80% 지키면서 꾸준히 가는 게 낫다. 내 루틴도 상황에 따라 바뀐다. 오전에 중요한 미팅이 있으면 저녁 루틴을 조정한다. 컨디션이 안 좋으면 쉬는 시간을 늘린다. 중요한 것은 큰 틀을 유지하는 것이다. 디테일은 유연하게 결정한다.

수입별 루틴의 진화

루틴은 고정된 것이 아니다. 성장하면서 계속 바뀐다.

월 100만 원 시절: 생존을 위한 루틴

공무원 퇴사 후 첫 6개월. 월 100만 원도 버는 게 힘들었다.

공무원 퇴사 후 첫 6개월의 루틴:

- 아침부터 밤까지 닥치는 대로 일하기
- 주말도 없이 일하기
- 뭐든 해보기

루틴이랄 것도 없었다. 그냥 생존이었다. 하지만 이것도 필요한 과정이었다. 뭐가 되고 안 되는지 몸으로 배웠고, 시장이 어떻게 돌아가는지 알게 됐다.

이 시기의 핵심: 많이 시도하고 빨리 배우기

월 1,000만 원 시절 : 시스템을 만드는 루틴

6개월 후 월 1,000만 원을 돌파했다. 이제 숨통이 트였다.

월 1,000만 원 시절의 루틴:

- **오전:** 주문 처리와 고객 응대
- **오후:** 신상품 소싱과 등록
- **저녁:** 매출 분석과 내일 계획

반복되는 일들이 보이기 시작했다. 그것들을 시스템화하기 시작했다.

이 시기의 핵심: 효율화와 시스템 구축

월 5,000만 원 시절: 레버리지를 만드는 루틴

시스템이 돌아가기 시작하니 시간이 생겼다. 그 시간에 더 큰 그림을 그렸다.

루틴의 변화:

- 직접 작업 시간 줄이기 (50% → 20%)
- 전략과 기획에 더 많은 시간
- 팀 빌딩과 교육 시작
- 네트워킹 시간 확보

혼자서는 한계가 있다는 걸 깨달았다. 사람을 모으고, 가르치고, 함께 성장하는 데 시간을 썼다.

이 시기의 핵심: 확장과 위임

월 억 원대 시절: 가치를 만드는 루틴

지금의 루틴은 완전히 다르다.

- 실무는 거의 하지 않는다
- 큰 방향을 정하고 검토한다
- 새로운 기회를 찾고 연결한다
- 지식을 나누고 영향력을 확대한다

이제는 시간을 파는 게 아니라 가치를 만든다. 내가 1시간 일하면 팀이 100시간 일한 것보다 큰 성과를 만들 수 있다.

이 시기의 핵심: 방향 설정과 가치 창출

루틴도 레벨업이 필요하다

월 100만 원 버는 루틴으로는 월 1,000만 원을 못 번다. 월 1,000만 원 루틴으로는 월 억 원대를 못 번다. 성장할 때마다 루틴도 바꿔야 한다. 과거의 성공 방식이 미래의 걸림돌이 될 수 있다. "이렇게 해서 여기까지 왔는데" 라는 생각이 들 때가 바꿀 때다.

루틴이 무너질 때 대처법

루틴은 무너진다. 인정하자. 문제는 무너진 후 어떻게 하느냐다.

완벽주의의 함정 피하기

"오늘 루틴을 못 지켰네. 망했다. 다시 처음부터 시작해야 하나?" 이런 생각이 가장 위험하다. 하루 놓쳤다고 끝난 게 아니다. 365일 중 300일만 지켜도 대성공이다. 무려 82%를 해낸 것이다. 이 정도면 인생이 바뀐다. 놓친 날은 그냥 놓친 날일 뿐이다. 죄책감 가질 필요 없다. 내일 다시 하면 된다.

80% 실행도 성공이다

오늘의 루틴:

- 9시 집중 시간 ✓
- 1시 독서 시간 X (피곤해서 못함)
- 10시 내일 계획 ✓

3개 중 2개를 했으니 달성률 67%다. 실패일까? 아니다. 대성공이다. 0%와 67%의 차이는 하늘과 땅이다. 하지만 67%와 100%의 차이는? 별로 크지 않다. 중요한 것은 0이 아닌 것이다. 조금이라도 했다면 성공이다.

빠르게 복구하는 기술

루틴이 무너졌을 때 중요한 것은 빨리 복구하는 것이다.

- **1일 차:** 루틴 실패 → "괜찮아, 내일 다시"
- **2일 차:** 또 실패 → "음… 뭐가 문제지?"
- **3일 차:** 작은 것부터 다시 시작

3일 이상 루틴이 무너지면 위험하다. 3일 안에 복구해야 한다.

복구 팁:
- 전체를 다 하려고 하지 말고 핵심 하나만
- 시간을 줄여서라도 일단 하기
- 성공 기준을 낮추기 (2시간 → 30분)

루틴의 업그레이드 시기 알기

가끔은 루틴이 무너지는 게 "이제 바꿀 때야"라는 신호일 수 있다.

루틴을 업그레이드해야 한다는 신호들:
- 루틴이 지겹고 의미 없게 느껴짐
- 하고 있는데도 성과가 안 나옴
- 상황이 바뀌었는데 루틴은 그대로임
- 더 이상 도전적이지 않음

이럴 때는 과감히 바꿔라. 루틴은 목적이 아니라 수단이다.

마무리: 오늘부터 시작하는 나만의 루틴
가장 작은 루틴부터 시작하라

"내일부터 완벽한 루틴으로 살아야지!" 실패하는 가장 빠른 길이다.

대신 이렇게 시작하라:

- **Day 1-7**: 딱 하나만. 예를 들어 "저녁 9시에 핸드폰 끄기"
- **Day 8-14**: 하나 더 추가. "핸드폰 끄고 1시간 집중하기"
- **Day 15-21**: 또 하나 추가. "집중 후 10분 내일 계획하기"

21일 후에는? 3개의 작은 루틴이 습관이 되어 있을 것이다.

21일의 인내가 평생의 자산을 만든다

왜 21일인가? 습관이 형성되는 최소 기간이다. 처음 일주일은 지옥이다. 억지로 해야 한다. 둘째 주는 조금 나아진다. 하지만 여전히 의식적이다. 셋째 주가 되면? 안 하면 이상하다. 자동이 된다. 21일만 참아라. 그 후에는 노력이 필요 없다.

마지막 한마디

루틴은 지루한 반복이 아니다. 자유를 위한 도구다. 루틴이 있으면 매일 고민할 필요가 없다. 그 에너지를 창의적인 일에 쓸 수 있다. 루틴이 있으면 시간을 만들 수 있다. 효율이 올라가니까. 루틴이 있으면 성과를 예측할 수 있다. 매일 조금씩 쌓이니까. 당신도 할 수 있다. 월 매출 억 원대가 목표가 아니어도 괜찮다. 중요한 것은 어제보다 나은 오늘을 만드는 것이다. 오늘 밤, 내일의 첫 루틴을 정하라. 그것이 당신 인생을 바꾸는 첫걸음이 될 것이다.

chapter 4

성공적인 네트워크와 관계 관리

"좋은 사람 좀 소개해 주세요."

구매대행 강의를 하다 보면 늘 듣는 말이다. 좋은 공급처를 아는 사람, 마케팅 잘하는 사람, 투자자를 아는 사람. 모두가 '좋은 사람'을 찾고 있다. 그럴 때마다 나는 되묻는다.

"그래서 당신은 누군가에게 좋은 사람인가요?"

대부분 말문이 막힌다. 불편한 진실을 마주했기 때문이다. 내가 공무원을 그만두고 구매대행을 시작했을 때도 똑같았다. 아는 사람도 없고, 도와주는 사람도 없었다. 혼자서 모든 걸 해결해야 했다. 그때는 세상을 원망했다. 왜 나한테는 좋은 사람이 없을까, 왜 아무도 도와주지 않을까. 그러다 깨달았다. 문제는 세상이 아니라 나였다는 것을. 내가 먼저 좋은 사람이 되지 않으면, 좋은 사람을 만날 수 없다는 것을. 당신 주변을 한번 둘러보라. 그들이 바로 당신의 수준이다. 냉정하지만 사실이다. 주위에 돈 없는 사람만 있다면 당신도 그 수준이고, 부정적인 사람만 있다면 당신도 부정적이며, 도움 안 되는 사람만 있다면 당신도 남에게 도움이 안 되는 사람이다. 네트워크는 만드는 게 아니다. 끌어당기는 것이다. 그리고 끌어당김은 내가 어떤 사람이냐에 달려있다.

왜 당신 주위에는 도움 되는 사람이 없는가
거울의 법칙: 네트워크는 나를 비추는 거울

물리학에 작용-반작용의 법칙이 있듯이, 인간관계에도 거울의 법칙이 있다. 내가 베푸는 만큼 받고, 내가 무시하는 만큼 무시당하며, 내가 이용하는 만큼 이용당한다. 한 가지 실험을 해보자. 지난 한 달 동안 당신이 누군가를 진심으로 도운 적이 몇 번인가? 대가 없이, 순수하게, 그저 도움이 되고 싶어서 베푼 적이 말이다. 아마 손가락으로 셀 수 있을 것이다. 어쩌면 한 번도 없을 수도 있다. 그런데 왜 남들이 당신을 도와주길 기대하는가? 몇 년 전 만난 한 사업가의 이야기다. 그는 늘 불평했다. 아무도 정보를 공유하지 않는다고, 다들 자기 것만 챙긴다고, 도움을 청해도 다들 바쁘다고만 한다고. 그에게 물었다.

"그래서 당신은 누구에게 정보를 공유했나요? 누구를 도와줬나요?"

대답은 예상대로였다.

"바빠서요."

아이러니하지 않은가? 자신은 바빠서 못 도와주면서, 남들이 바쁘다고 하면 섭섭해한다. 이것이 대부분 사람들의 모습이다. 도움은 돌고 돈다. 내가 A를 도우면, A가 B를 돕고, B가 C를 돕고, 언젠가 C가 나를 돕는다. 직접적인 보답을 기대하지 마라. 우주는 더 큰 방식으로 갚아준다. 내가 만난 성공한 사업가들의 공통점이 있다. 그들은 먼저 돕는다. 조건 없이, 계산 없이. 그래서 그들 주위에는 늘 좋은 사람들이 모인다. 도움을 받았던 사람들이 기회를 가져온다.

"아무도 나를 도와주지 않아" → 당신은 누구를 도왔는가?

여수로 발령받고 구매대행을 시작했을 때, 정말 막막했다. 아는 것도 없고, 도와주는 사람도 없었다. 온라인 커뮤니티에 질문을 올려도 시큰둥한 반응뿐이었다. 그때는 억울했다. 왜 다들 이렇게 차가울까? 정보 좀 공유하면 뭐가 덜어지나? 하지만 돌이켜보니 나도 마찬가지였다. 공무원 시절, 후배들이 물어오면 귀찮아했다. 내가 어렵게 배운 걸 왜 쉽게 알려줘야 하나 싶었다. 그런 내가 왜 남들은 쉽게 알려주길 바랐을까? 태도를 바꿨다. 내가 아는 작은 정보라도 공유하기 시작했다. 처음엔 아무도 관심을 보이지 않았다. 하지만 꾸준히 했다. 실패 경험도 공유하고, 성공 노하우도 나눴다. 그러자 신기한 일이 일어났다. 하나둘씩 연락이 오기 시작한 것이다. "덕분에 도움이 됐어요", "저도 이런 정보 있는데 공유할게요", "혹시 이런 거 해보실 생각 없으세요?"

1년 후, 나는 더 이상 혼자가 아니었다. 함께 성장하는 동료들이 생겼고, 서로 돕는 커뮤니티가 만들어졌다. 지금 내 사업의 핵심 파트너들도 그때 만난 사람들이다.

"좋은 사람을 못 만나" → 당신은 좋은 사람인가?

"좋은 사람"의 기준은 무엇일까? 돈이 많은 사람? 인맥이 넓은 사람? 능력이 뛰어난 사람? 아니다. 진짜 좋은 사람은 신뢰할 수 있는 사람이다. 함께 있으면 에너지가 생기는 사람, 어려울 때 곁에 있어주는 사람, 성공을 진심으로 축하해주는 사람, 실패해도 비난하지 않는 사람. 당신은 이런 사람인가? 아니라면, 왜 이런 사람이 당신 곁에 있기를 바라는가? 내가 에르메스 매장에서 무시당하고 복수를 다짐했을 때, 나는 좋은 사람이 아니었다. 분노와 열등감으로 가득 차 있었다. 그런 내 주위에는 비슷한 사람들만 모였다. 서로 불평하고, 남 탓하고, 세상을 원망하는 사람들. 변화는 내가 변하면서 시작됐다. 불평 대신 감사를 택했고, 남 탓 대신 내 탓을 했으며, 원망 대신 도전을 선택했다. 그러자 주변 사람들이 바뀌기 시작했다. 부정적인 사람들은 자연스럽게 멀어졌고, 긍정적인 사람들이 다가왔다.

끌어당김의 법칙은 실재한다. 긍정적인 사람 주위에는 긍정적인 사람이 모이고, 성공한 사람 주위에는 성공한 사람이 모이며, 베푸는 사람 주위에는 베푸는 사람이 모인다. 우연일까? 아니다. 필연이다. 사람은 비슷한 에너지끼리 끌린다. 주파수가 맞는 사람끼리 연결된다. 당신이 불평불만의 주파수를 내보내면 불평불만 하는 사람들이 모이고, 감사와 긍정의 주파수를 내보내면 감사하고 긍정적인 사람들이 모인다.

네트워크를 바꾸고 싶다면, 먼저 내 주파수를 바꿔라.
네트워킹의 본질: 먼저 되어라

부자 친구를 원한다면, 부자가 만나고 싶은 사람이 되어라.

"부자들은 폐쇄적이야. 자기들끼리만 놀아."

많은 사람들이 이렇게 생각한다. 하지만 과연 그럴까? 내가 연매출 100억 원을 달성하고 나서 깨달은 것이 있다. 부자들도 사람이라는 것. 그들도 새로운 사람을 만나고 싶어 하고, 재미있는 대화를 나누고 싶어 하며, 의미 있는 관계를 원한다는 것. 단, 조건이 있다. 시간을 뺏지 않는 사람, 에너지를 주는 사람, 가치를 더하는 사람이어야 한다는 것이다.

공무원 시절, 나는 부자들을 만나고 싶어 했다. 그들에게 배우고 싶었고, 그들처럼 되고 싶었다. 하지만 만날 기회조차 없었다.

왜? 내가 그들에게 줄 수 있는 게 아무것도 없었으니까. 생각해보라. 시간당 수백만 원의 가치를 만드는 사람이 왜 아무것도 줄 수 없는 사람과 시간을 보내겠는가? "부자 형님, 밥 한번 사주세요"라고 접근하는 사람을 왜 만나겠는가? 그렇다면 부자가 만나고 싶은 사람이 되려면 어떻게 해야 할까?

첫째, 자기 분야의 전문가가 되어라. 와인 전문가, 골프 레슨 프로, 건강 전문가 등 꼭 돈과 관련 없어도 된다. 부자들도 배우고 싶어 한다. 내가 아는 한 사업가는 커피 로스팅 전문가가 되어서 많은 부자들과 친구가 됐다. 맛있는 커피는 누구나 좋아하기 때문이다.

둘째, 실행력을 보여라. 말만 하는 사람이 아니라 행동하는 사람이 되어라. "이런 아이디어가 있어요"가 아니라 "이렇게 해봤는데 이런 결과가 나왔어요"라고 말할 수 있어야 한다. 부자들은 실행력 있는 사람을 좋아한다. 자신들도 그렇게 성공했기 때문이다.

셋째, 품격을 갖춰라. 돈을 벌고 싶다고 노골적으로 접근하지 말고, 인간적인 관계를 먼저 만들어라. 진정성 있는 관심을 보이고, 상대방의 시간을 존중하며, 감사할 줄 아는 사람이 되어라.

멘토를 원한다면, 멘토링할 가치가 있는 사람이 되어라

"멘토를 찾고 있어요."

이 말을 하는 사람은 많지만, 정작 멘토가 나타나도 알아보지 못한다. 왜? 준비가 안 되어 있으니까. 내가 공무원에서 사업가로 전환할 때, 간절히 멘토를 원했다. 그런데 아무도 나를 가르치려 하지 않았다. 이유를 알고 보니 간단했다. 내가 가르칠 가치가 없는 사람이었기 때문이다. 멘토는 시간이 아깝지 않은 사람을 가르친다. 그런 사람의 특징은 무엇일까? 배움에 목마른 자세를 가진 사람이다. "다 아는데 확인차 여쭤봐요"가 아니라 "정말 모르겠어요. 가르쳐주세요"라는 겸손함이 있어야 한다. 그리고 질문을 준비해온다. 막연한 질문이 아니라 구체적인 질문. "어떻게 하면 성공하나요?"가 아니라 "A와 B 중에 어떤 전략이 더 효과적일까요?"라고 묻는다.

실행하고 피드백하는 습관도 중요하다. 멘토가 조언하면 바로 실행하고, 결과를 공유한다. "말씀하신 대로 해봤는데 이런 결과가 나왔습니다. 다음은 어떻게 할까요?" 이런 사람은 멘토가 더 가르치고 싶어진다. 내 조언이 실제로 도움이 되는 것을 보면 뿌듯하기 때문이다. 무엇보다 감사를 표현할 줄 알아야 한다. 당연하게 받아들이면 안된다. 시간을 내준 것, 경험을 나눠준 것에 진심으로 감사해야 한다. 작은 선물, 손편지, 안부 인사. 이런 것들이 관계를 이어간다. 나는 지금도 여러 멘토들에게 배우고 있다. 그리고 나도 누군가의 멘토가 되었다. 양쪽을 경험해보니 확실히 알게 됐다. 멘토는 찾는 게 아니라 끌어당기는 것이라는 걸.

좋은 팀을 원한다면, 최고의 팀원이 되어라

"좋은 팀을 만들고 싶어요."

월 매출이 늘어나면서 모두가 하는 고민이다. 혼자서는 한계가 있으니까. 하지만 좋은 팀을 만들기 전에 먼저 물어봐야 할 것이 있다.

"나는 어떤 팀원인가?"

시키는 일만 하는 팀원인가, 먼저 나서서 일하는 팀원인가? 불평불만이 많은 팀원인가, 분위기를 밝게 만드는 팀원인가? 자기 것만 챙기는 팀원인가, 동료를 돕는 팀원인가? A급 플레이어는 A급 플레이어와 일하고 싶어 한다. B급 플레이어는 C급과 일하게 된다. 이것은 차별이 아니라 자연의 법칙이다. 물은 흐를 곳을 찾아 흐른다. 내가 처음 팀을 만들 때도 실패의 연속이었다. 좋은 사람을 구하기 어렵다고 불평했다. 하지만 문제는 사람이 아니라 나였다. 내가 함께 일하고 싶은 리더가 아니었던 것이다. 변화는 내가 먼저 최고의 팀원이 되면서 시작됐다. 약속을 철저히 지키고, 실수를 인정하고, 성과를 팀원들과 나누며, 어려울 때 앞장섰다. 그러자 비슷한 사람들이 모이기 시작했다. 지금 나와 함께하는 팀은 내가 꿈꾸던 바로 그 팀이다. 원하는 것을 먼저 주는 사람이 되어라. "정보를 얻고 싶다" 그럼 먼저 정보를 공유하라. "도움을 받고 싶다" 그럼 먼저 도움을 주라. "사랑받고 싶다" 그럼 먼저 사랑하라. "인정받고 싶다" 그럼 먼저 인정하라. 이것이 우주의 법칙이다. 먼저 주는 사람이 받는다.

"손해 보는 거 아냐?"라고 묻는 사람들이 있다. 단기적으로는 그럴 수 있다. 하지만 장기적으로는 반드시 돌아온다. 그것도 복리로. 내가 구매대행 정보를 무료로 공유하기 시작했을 때, 주변에서 만류했다. "왜 어렵게 배운 걸 공짜로 알려주냐"고. 하지만 나는 계속했다. 블로그에 노하우를 쓰고, 유튜브에 경험을 공유했고, 카페에서 꾸준히 들어오는 질문에 답했다. 결과는 어땠을까? 다른 경로로, 예상치 못한 방식으로 내가 준 것의 10배, 100배로 돌아왔다. 정보를 받은 사람들이 더 좋은 정보를 가져왔고, 도움받은 사람들이 큰 기회를 연결해줬으며, 함께 성장한 사람들이 든든한 파트너가 됐다.

믿기 어렵다면 딱 한 달만 무조건 먼저 주는 사람이 되어보라. 기대하지 말고, 계산하지 말고, 그저 주기만 하라. 놀라운 일이 일어날 것이다. 그것을 경험하고 나면, 다시는 예전으로 돌아갈 수 없을 것이다.

가치 있는 사람이 되는 5가지 방법

누구나 가치 있는 사람이 될 수 있다. 타고나는 게 아니라 만들어가는 것이다. 나도 평범한 공무원이었지만, 지금은 많은 사람들이 만나고 싶어 하는 사람이 됐다. 어떻게? 다음 5가지를 실천했기 때문이다.

전문성: 한 가지라도 탁월하게

"저는 특별한 게 없어요."

이런 말을 하는 사람들이 많다. 하지만 거짓말이다. 누구나 한 가지는 남보다 잘한다. 단지 그것을 전문성으로 발전시키지 않았을 뿐이다. 나의 경우, 처음엔 정말 아무것도 없었다. 공무원 경력? 사업에는 도움이 안 됐다. 그때 내가 지금 하고 있는 구매대행에서만큼은 전문가가 되자는 생각을 하며 매일 1시간씩 공부했다. 중국 사이트 분석하고, 트렌드 연구하고, 마케팅 전략을 공부하며 실습하고 경험을 쌓았다. 실패도 많이 했다. 하지만 그 실패가 전문성이 됐다. 남들이 하지 않은 실수를 미리 해봤으니까. 그리고 블로그도 꾸준히 기록하기 시작했다. 처음엔 아무도 안 봤다. 하지만 꾸준히 했다. 1년이 지나자 "구매대행은 이 사람"이라는 인식이 생겼다. 이제는 전국에서 강의 요청이 온다.

전문가가 되는 법은 생각보다 간단하다. 매일 1시간씩 공부하고, 실습하고 경험을 쌓으며, 그것을 기록하고 공유하는 것. 1년이면 준전문가가 되고, 3년이면 전문가가 된다. 전문성이 있으면 사람들이 먼저 찾는다. "이 분야는 저 사람이 전문가야." 이 한마디가 얼마나 강력한지 아는가? 모든 기회가 저절로 찾아온다.

연결력: 사람과 사람을 이어주기

모든 사람이 부자일 필요는 없다. 연결자가 되면 된다. 이것을 깨달은 건 우연이었다. 어느 날 카페에서 한 사람이 투자자를 찾고 있다는 글을 봤다. 마침 내가 아는 사람 중에 투자처를 찾는 사람이 있었다. 둘을 연결해줬다. 별생각 없이 한 일이었다. 몇 달 후, 그들에게서 사업이 잘 되고 있다며 감사하다는 연락이 왔다. 그리고 각자 다른 기회를 소개해줬다. 한 명은 좋은 공급처를, 다른 한 명은 마케팅 전문가를. 그때 연결의 힘을 깨달았고, 그 후로 적극적으로 사람들을 연결하기 시작했다. A는 개발자를 찾고 B는 일자리를 찾으면 연결하고, C는 마케터가 필요하고 D는 프로젝트를 찾으면 연결했다. 연결할 때 중요한 것은 세 가지다.

첫째, 양쪽 모두에게 도움이 되는지 확인한다. 일방적인 연결은 오히려 해가 된다. 둘째, 신뢰할 수 있는 사람인지 검증한다. 내가 연결했다는 것은 내 신용을 거는 것이니까. 셋째, 대가를 바라지 않는다. 순수하게 도움이 되길 바라는 마음으로. 지금은 월 100건 이상 연결해준다. 그중 10%만 성사되어도 10건이다. 그들이 가져오는 가치는 어마어마하다. 내가 상상도 못 한 기회들이 연결을 통해 찾아온다.

정보력: 유용한 정보의 허브 되기

정보는 21세기의 화폐다. 유용한 정보를 가진 사람 주위에 사람이 모인다. 나는 매일 30분씩 업계 뉴스를 읽는다. 구매대행 트렌드, 이커머스 동향, 중국 시장 변화. 그리고 주요 인물들의 SNS

를 팔로우한다. 그들이 무슨 생각을 하는지, 어떤 준비를 하는지 본다. 오프라인 모임도 빠지지 않는다. 온라인에서는 얻을 수 없는 생생한 정보가 있으니까. 사람들이 진짜로 고민하는 것, 아직 공개되지 않은 계획들을 들을 수 있다. 중요한 것은 이 정보를 쌓아두지 않는다는 것이다. 정보를 쌓아두면 썩는다. 공유하면 더 많은 정보가 들어온다. "이 정보 아세요?"라고 먼저 나누면, "그럼 이것도 아세요?"라고 돌아온다. 내 블로그와 카페가 성장한 이유도 이것이다. 좋은 정보를 아낌없이 공유했다. 그러자 더 좋은 정보를 가진 사람들이 모였다. 지금은 내가 주는 것보다 받는 게 더 많다.

정보력을 기르는 방법은 간단하다. 매일 조금씩 읽고, 들은 것을 정리하고, 그것을 공유하는 것. 이것만 해도 1년 후에는 걸어 다니는 정보 허브가 된다.

실행력: 말보다 행동으로 증명하기

"이런 아이디어가 있어요.", "이렇게 하면 될 것 같아요.", "나중에 이런 걸 해보려고요." 말하는 사람은 많지만 하는 사람은 적다. 나도 처음엔 말만 했다. 구매대행으로 대박 날 거라고, 큰돈 벌 거라고. 하지만 아무도 믿지 않았다. 당연하다. 증거가 없으니까. 그래서 작게라도 시작했다. 첫 달 매출 10만 원. 우스워 보이지만 그게 시작이었다. 다음 달 50만 원, 그다음 달 100만 원. 숫자로 보여주니 사람들이 관심을 갖기 시작했다. "해볼게요"가 아니라 "해봤어요"라고 말하는 사람이 되니 모든 게 달라졌다. 사람들이 조언을 구하고, 함께 하자고 제안하며, 기회를 가져왔다.

실행력 있는 사람의 특징은 명확하다. 작게라도 시작하고, 실패해도 다시 시도하며, 결과를 숫자로 보여준다. 말로 설득하지 않고 행동으로 증명한다. 사람들은 말하는 사람보다 행동하는 사람을 신뢰한다. 작은 성과라도 보여주면 "이 사람은 진짜구나"라고 생각한다. 그때부터 진짜 네트워크가 만들어진다.

진정성: 계산 없는 선의 베풀기

가장 중요한 것이다. 진정성. 계산하고 접근하는 것은 다 보인다. 아무리 숨겨도 느껴진다. "이 사람한테 뭘 얻을 수 있을까?" 하는 생각으로 접근하면, 상대방도 똑같이 생각한다. 진정성은 작은 것에서 나타난다. 당장 도움이 안 되는 사람도 소중히 대하는 것, 작은 약속도 반드시 지키는 것, 상대방의 성공을 진심으로 기뻐하는 것, 어려울 때도 연락을 유지하는 것, 뒤에서 험담하지 않는 것. 내가 월 매출 100만 원일 때 만난 사람들이 있다. 그때는 내가 그들에게 줄 수 있는 게 없었다. 하지만 진심으로 대했다. 그들의 이야기를 경청하고, 작은 도움이라도 주려 했으며, 성공을 응원했다. 지금 그들 중 많은 이가 나의 든든한 파트너다. 내가 성공했기 때문이 아니다. 처음부터 진심으로 대했기 때문이다. 그들도 그것을 기억한다.

진정성은 속일 수 없다. 그래서 가장 강력하다. 모든 전략과 기술을 뛰어넘는 것이 진정성이다.

네트워크가 자동으로 만들어지는 사람의 특징

어떤 사람들은 네트워킹을 하려고 애쓰지 않아도 사람들이 모인다. 그들의 비밀은 무엇일까? 내가 관찰한 결과, 다음과 같은 특징이 있었다.

Give First 마인드셋

"뭘 얻을 수 있을까?"가 아니라 "뭘 줄 수 있을까?"를 먼저 생각하는 사람들이다. 내가 아는 한 사업가가 있다. 그는 처음 만나는 사람에게도 항상 묻는다. "도움이 필요한 게 있으신가요?" 그리고 정말로 돕는다. 정보를 공유하고, 사람을 연결하고, 조언을 아끼지 않는다. 처음엔 이해가 안 됐다. 왜 저렇게 할까? 손해 아닌가? 하지만 시간이 지나면서 알게 됐다. 그가 준 것보다 훨씬 더 많은 것이 돌아온다는 것을. 그는 매일 3명에게 도움을 준다고 했다. 조건 없이. 1년이면 1,000명이다. 그중 10%만 인연이 이어져도 100명이다. 그의 사업이 잘되는 이유가 여기 있었다. 100명이 그를 돕고 있으니까. 나도 이 방식을 따라 하기 시작했다. 처음엔 어색했다. 뭔가 바라는 것처럼 보일까 봐 걱정도 됐다. 하지만 정말로 조건 없이 도우니, 상대방도 그것을 느낀다. 그리고 언젠가 예상치 못한 방식으로 돌아온다.

Give First. 먼저 주는 사람이 되는 것. 이것이 네트워크를 만드는 가장 강력한 방법이다.

약속을 지키는 신뢰성

"나중에 연락드릴게요"라고 하면 진짜 연락한다. "검토해보겠습니다"라고 하면 진짜 검토하고 답한다. "소개해드릴게요"라고 하면 진짜 소개한다. 별것 아닌 것 같지만, 이것을 지키는 사람은 의외로 적다. 대부분은 그 자리를 모면하기 위해 하는 말이니까. 나는 작은 약속도 메모한다. 그리고 반드시 지킨다. "다음 주에 그 자료 보내드릴게요"라고 했으면, 캘린더에 표시하고 꼭 보낸다. 상대방은 놀란다. 정말로 기억하고 보냈다고. 작은 약속을 지키는 것이 큰 신뢰를 만든다. 사람들은 이런 사람과 함께하고 싶어한다. 믿을 수 있으니까.

신뢰는 한 번에 만들어지지 않는다. 작은 약속들이 쌓여서 만들어진다. 그리고 한번 만들어진 신뢰는 쉽게 깨지지 않는다. 이것이 진짜 자산이다.

감사를 표현하는 습관

"감사합니다"를 입에 달고 사는 사람들이 있다. 이들 주위에는 늘 좋은 일이 일어난다. 작은 도움에도 "덕분에 시간을 아꼈어요.

감사합니다." 정보 공유에도 "몰랐던 내용이에요. 감사합니다." 만남 자체에도 "시간 내주셔서 감사합니다." 감사는 관계의 윤활유다. 상대방의 마음을 열고, 더 주고 싶게 만든다. 특히 문자나 메일로 다시 한번 감사를 전하면 잊지 못한다. 나는 감사 일기를 쓴다. 매일 감사한 사람 3명과 그 이유를 적는다. 그리고 가능하면 그들에게 전한다. "오늘 ○○님 덕분에 이런 깨달음을 얻었어요. 감사합니다."

이런 작은 습관이 놀라운 변화를 만든다. 감사를 표현할수록 감사할 일이 더 많이 생긴다. 긍정의 순환이 시작되는 것이다.

다른 사람의 성공을 진심으로 축하하기

"부럽다"가 아니라 "축하한다"고 말할 수 있는 사람. "왜 쟤만"이 아니라 "정말 잘됐다"고 생각하는 사람. 이런 사람은 드물다. 그래서 더 빛난다. 경쟁자가 성공했을 때도 축하 메시지를 보낸다. 작은 성과든, 큰 성과든 공개적으로 축하한다. 처음엔 진심이 아닐 수도 있다. 솔직히 부러울 수 있다. 하지만 축하하다 보면 진심이 된다. 그리고 놀라운 일이 일어난다. 성공한 사람들이 나를 기억하고, 기회가 생기면 나를 떠올린다. 내가 목표를 달성했을 때, 가장 먼저 축하해준 사람들이 있다. 그중에는 경쟁자도 있었다. 그들의 축하가 가장 기뻤다. 그리고 지금은 경쟁자가 아니라 동반자가 됐다. 남의 성공을 축하할 수 있을 때, 내 성공도 시작된다.

어려울 때 먼저 손 내밀기

대부분의 사람들은 잘나갈 때만 연락한다. 어려워지면 사라진다. 부끄럽고, 자존심 상하고, 폐 끼치기 싫기 때문이다. 하지만 진짜는 다르다. 상대방이 어려울 때 먼저 연락한다. "힘드시죠? 제가 도울 일 없을까요?" "필요하면 언제든 연락주세요." "이럴 때일수록 건강 챙기세요." 별것 아닌 것 같지만, 이런 연락 하나가 평생 관계를 만든다. 어려울 때 곁에 있어준 사람은 잊지 못한다. 내가 공무원에서 사업가로 전환할 때, 정말 힘들었다. 수입은 불안정하고, 미래는 불확실하고, 주변의 시선은 차가웠다. 그때 응원해준 몇몇 사람들이 있다. 지금도 그들과는 특별한 관계를 유지한다. 자신이 어려울 때도 마찬가지다. 숨지 말고 솔직하게 말하라. 진짜 관계는 어려울 때 더 단단해진다. 허세 부리고 괜찮은 척하면, 도와주고 싶어도 도울 수 없다. 어려움을 나눌 수 있는 관계가 진짜 네트워크다.

관계의 단계별 진화

모든 관계는 단계적으로 발전한다. 급하게 가려다 망친다. 씨앗을 심고 바로 열매를 기대하는 것과 같다. 시간이 필요하다.

1단계 일방적 베풂 (투자 단계)

처음 1년은 무조건 준다. 대가를 기대하지 않는다. 이 단계에서 포기하는 사람이 90%다. "내가 봉인가?", "이용당하는 거 아냐?", 하면서 그만둔다. 하지만 이것은 투자다. 관계라는 자산에 투자하는 것이다. 주식도 바로 오르지 않는다. 부동산도 시간이 지나야 가치가 오른다. 관계도 마찬가지다. 내가 블로그를 시작했을 때, 6개월 동안 방문자가 하루 10명도 안 됐다. 그래도 매일 글을 썼다. 도움이 되는 정보, 실패 경험, 성공 노하우. 모두 공개했다. "시간 낭비 아니야?"라는 소리도 들었다. 하지만 계속했다. 왜? 이것이 투자라는 걸 알았으니까. 언젠가는 돌아올 거라는 확신이 있었으니까.

1년 후, 변화가 시작됐다. 하루 방문자 1,000명을 넘었고, 문의가 쏟아졌으며, 강의 요청이 들어왔다. 그때 깨달았다. 아, 이제 수확의 시기가 왔구나. 꾸준히 베풀어라. 유용한 정보를 공유하고, 필요한 사람을 연결하고, 작은 도움을 제공하고, 응원과 격려를 아끼지 마라. 이것이 씨앗이다.

2단계 상호 교류 (신뢰 단계)

6개월에서 1년 후, 변화가 시작된다. 일방적으로 받기만 하던 사람들이 베풀기 시작한다.

"이 정보 도움되실 것 같아서요.", "이런 분 찾으신다고 했죠?", "제가 도울 일이 있을까요?" 이제 진짜 관계가 시작된다. 서로 주고받는 것이 자연스러워진다. 부담스럽지 않고 즐겁다. 중요한 것은 균형이다. 한쪽이 너무 많이 주거나 받으면 불편해진다. 관계도 균형이 필요하다. 때로는 주고, 때로는 받으며, 함께 성장하는 것이다. 이 단계에서 많은 관계가 정리된다. 계속 받기만 하려는 사람들은 자연스럽게 멀어진다. 반대로 함께 주고받으며 성장하려는 사람들과는 더 가까워진다.

3단계 시너지 창출 (파트너 단계)

서로를 깊이 이해하고 신뢰한다. 이제 함께 뭔가를 만들 수 있다. 공동 프로젝트를 진행하고, 서로의 강점을 합친 협업을 하며, 리스크도 함께 감당하고, 성과도 함께 나눈다. 1+1이 2가 아니라 10이 되는 단계다. 내 사업의 핵심 파트너 3명은 모두 이렇게 만났다. 처음엔 일방적으로 도왔다. 정보를 공유하고, 노하우를 알려주고, 실수를 함께 극복했다. 그런 모습을 보여주니 그들도 점차 나를 도왔다. 서로의 부족한 부분을 채워주며 함께 성장했다. 그리고 어느 날, 자연스럽게 "우리 함께 뭔가 해볼까?"라는 이야기가 나왔다. 지금은 함께 억 원대 비즈니스를 만들고 있다. 혼자였다면 불가능했을 일이다. 시너지는 강요할 수 없다. 신뢰가 쌓이고, 서로를 이해하고 같은 방향을 바라볼 때 자연스럽게 만들어진다.

4단계 생태계 구축 (확장 단계)

이제 둘이 아니라 여럿이 된다. 네트워크가 네트워크를 만든다. A와의 관계에서 B를 만나고, B와의 관계에서 C를 만난다. 선순환이 시작된다. 내가 모든 사람을 연결하지 않아도, 그들끼리 연결되며 생태계가 확장된다. 어느 순간 깨닫는다. "내가 만든 게 아니라 만들어진 거구나." 지금 내 주변의 네트워크를 보면 신기하다. 구매대행으로 시작했지만, 이제는 다양한 분야의 전문가들이 모여 있다. '마케터, 개발자, 디자이너, 투자자, 세무사, 변호사...' 누군가 도움이 필요하면, 네트워크 안에서 해결된다.

새로운 사업을 시작하려면, 함께할 사람이 있다. 문제가 생기면, 조언을 구할 전문가가 있다. 이것이 진짜 부다. 돈이 아니라 사람. 혼자가 아니라 함께. 경쟁이 아니라 협력. 이 단계가 되면 기회가 알아서 찾아온다. 문제가 생기면 해결책이 나타난다. 혼자가 아니라는 든든함과 함께 성장하는 기쁨을 느낀다.

진짜 네트워크와 가짜 네트워크

진짜 네트워크와 가짜 네트워크는 겉모습은 비슷해도 본질이 다르니, 시간과 에너지를 낭비하지 않으려면 구별할 줄 알아야 한다.

명함 수집가 vs 관계 구축가

명함 수집가를 만나면 안다. 만나자마자 명함부터 주고, 대화는 형식적이고 짧으며, "나중에 연락드릴게요"하고 연락이 없다.

필요할 때만 연락하고, 자랑하듯 "나는 ○○○을 안다"고 말한다. 이들은 숫자에 집착한다. 몇 명을 아는지, 얼마나 유명한 사람을 아는지. 하지만 정작 도움이 필요할 때는 아무도 없다. 왜? 진짜 관계가 아니니까. 관계 구축가는 다르다. 먼저 대화를 나누고, 상대방에 진정한 관심을 보인다. 만남 후에는 팔로우업을 하고, 정기적으로 안부를 묻는다. 그들은 깊이를 중시한다. 얼마나 많이 아는지가 아니라 얼마나 깊이 아는지. 1,000명과 얕은 관계보다 10명과 깊은 관계가 낫다. 진짜 어려울 때 도움을 청할 수 있는 사람이 몇 명인가? 그것이 진짜 네트워크의 크기다.

이용하려는 사람 vs 함께 하려는 사람

이용하려는 사람들의 패턴은 뻔하다. 만날 때만 친하고, 항상 부탁만 하며, 자기 이익만 계산한다. 도움받고 나면 연락이 끊기고, 성공했을 때만 나타난다. 이런 사람들과는 빨리 거리를 둬야 한다. 에너지 낭비다. 아무리 도와줘도 감사할 줄 모르고, 더 많은 것을 요구한다. 끝이 없다. 반면 함께 하려는 사람은 다르다. 평소에도 관심을 보이고, 먼저 도움을 제안한다. Win-Win을 고민하고, 지속적인 관계를 유지하며, 어려울 때도 곁에 있다. 구별하는 방법은 간단하다. 내가 어려울 때를 생각해보라. 그때도 연락하고 만날 수 있는 사람인가? 그렇다면 진짜고, 아니라면 가짜다.

단기 거래 vs 장기 동반자

단기 거래 관계는 당장의 이익만 본다. 한 번 거래하면 끝이다. 문제가 생기면 도망가고, 책임지지 않으며, 다음이 없다. 이런 관계는 피곤하다. 매번 새로 시작해야 하고, 신뢰를 쌓을 시간이 없으며, 깊이 있는 협력이 불가능하다. 반면 장기 동반자는 10년 후를 생각한다. 지속적인 협력 관계를 유지하고, 문제를 함께 해결하며, 책임을 나눈다. 그리고 계속 발전한다. 내가 5년째 함께 일하는 파트너가 있다. 처음엔 작은 프로젝트로 시작했지만 서로를 알아가며 신뢰를 쌓았고, 점점 큰 일을 함께했다. 지금은 서로 없으면 안 되는 관계다.

사업도, 인생도 장기전이다. 단기 이익에 눈멀지 마라. 장기 동반자를 찾아라. 그들과 함께라면 불가능도 가능해진다.

계산적 관계 vs 진정한 연결

모든 관계에 계산이 필요한 것은 아니다. 오히려 계산이 관계를 망친다. 계산적 관계는 피곤하다. 항상 "내가 더 줬나, 받았나" 계산해야 한다. 그리고 불안하다. 이익이 없으면 끝날 관계기에 무엇보다 즐겁지 않다. 반면 진정한 연결은 다르다. 편하다. 있는 그대로의 모습을 보여줄 수 있다. 깊다. 이익을 넘어선 신뢰가 있다. 든든하다. 어떤 일이 있어도 변하지 않는다. 그리고 즐겁다. 함께 있는 것만으로도 행복하다. 돈으로 살 수 없는 것이 진정한 관계다. 그리고 그런 관계가 인생을 풍요롭게 만든다.

네트워크 업그레이드 전략

현재 네트워크가 마음에 안 든다면 바꿀 수 있다. 단, 자신부터 바꿔야 한다. 같은 사람이 다른 네트워크를 기대하는 것은 욕심이다.

현재 네트워크 점검하기

주변 사람들을 리스트업 해보라. 자주 만나는 10명을 적고, 각각에 대해 평가해보라. 만나고 나면 에너지가 생기는가, 빠지는가? 서로 도움을 주고받는가, 일방적인가? 함께 성장하고 있는가, 정체되어 있는가? 미래가 기대되는가, 불안한가? 냉정하게 평가해보면 충격적일 수 있다. 그리고 생각보다 많은 관계가 나에게 도움이 되지 않고 있다는 것도 알 수 있다. 하지만 이것이 시작이다. 문제를 알아야 해결할 수 있다.

에너지를 빼앗는 관계 정리하기

에너지 뱀파이어들이 있다. 늘 부정적이고, 불평불만이 많으며, 남 탓만 하고, 발전이 없으며, 만나면 피곤한 사람들. 이런 사람들과는 거리를 둬야 한다. "정이 있는데…" "오래 알았는데…" 이런 것은 이유가 되지 않는다. 당신의 인생이 더 중요하다. 정리하는 방법은 의외로 간단하다. 갑자기 끊지 말고 서서히 줄인다. 바쁘다는 핑계를 대고, 실제로 바쁘게 산다. 부정적인 대화에 동조하지 않으면 자연스럽게 멀어진다. 내가 공무원을 그만두고 사업을 시작했을 때, 많은 관계가 정리됐다. 특히 매일 술 마시며 세상 탓만 하던 사람들과는 자연스럽게 멀어졌다. 처음엔 외로웠지만, 그 빈자리에 함께 성장하려는 새로운 사람들이 들어왔다.

내가 되고 싶은 사람 10명 리스트

꿈의 네트워크를 그려보라. 어떤 사람들과 함께하고 싶은가?

구체적일수록 좋다. 실제 인물이어도 좋고, 이상형이어도 좋다. 이 리스트가 나침반이 된다. 이런 사람들과 어울리려면 내가 어떻게 변해야 하는지 보인다. 내 리스트에는 이런 사람들이 있었다. 자기 분야에서 최고인 사람, 겸손하면서도 자신감 있는 사람, 돈보다 가치를 중시하는 사람, 함께 있으면 즐거운 사람. 그리고 스스로에게 물었다. 내가 그런 사람인가? 아니었다. 그래서 변하기 시작했다.

그들이 만나고 싶어 할 내가 되기

리스트를 만들었다면 자문해보라. "왜 그들이 나를 만나고 싶어 할까?" 답이 없다면 그게 문제다. 내가 줄 수 있는 가치가 없다는 뜻이다. 그럼 만들어야 한다. 그들이 필요로 하는 정보를 공부하고, 관심 있는 분야의 전문가가 되며, 도움이 되는 네트워크를 만들고, 즐거운 사람이 되어야 한다. 나는 6개월 동안 미친 듯이 공부했다. 구매대행뿐 아니라 이커머스 전반, 마케팅, 중국 시장 트렌드. 그리고 배운 것을 정리해서 공유했다. 실전에서 테스트하고 결과를 분석했다. 그렇게 6개월 후 나는 완전히 다른 사람이 되어 있었다. 이제는 내가 줄 수 있는 가치가 명확했다. 그리고 다시 접근했다. 이번엔 반응이 달랐다. "아, 당신이 그 유명한..." 이제는 그들이 먼저 만나자고 했다.

실전: 오늘부터 시작하는 관계 혁명

이론은 충분하다. 이제 행동할 때다. 오늘부터, 지금부터 시작할 수 있는 것들이다.

베풀 수 있는 것 10가지 찾기

돈이 없어도 베풀 수 있다. 아니, 돈보다 가치 있는 것들이 많다. 경청하는 것. 요즘 진심으로 들어주는 사람이 얼마나 드문가. 상대방의 이야기를 끊지 않고, 판단하지 않고, 그저 들어주는 것만으로도 큰 선물이다. 정보를 나누는 것. 당신이 알고 있는 것 중에 누군가에게는 보물 같은 정보가 있다. 아낌없이 나눠라. 사람을 연결하는 것. A가 찾는 것을 B가 가지고 있다면 연결해주라. 중매쟁이가 되는 것이다.

칭찬하는 것. 진심 어린 칭찬 한마디가 사람을 바꾼다. 좋은 점을 발견하고 표현하라. 시간을 내는 것. 가장 귀한 선물이다. 필요할 때 함께 있어주는 것, 그것만으로도 충분하다. 경험을 공유하는 것. 당신이 겪은 실패와 성공, 그 과정에서 배운 것들. 누군가에게는 길잡이가 된다. 격려하는 것. 힘들 때 받는 따뜻한 말 한마디가 얼마나 큰 힘이 되는지 안다. 축하하는 것. 작은 성과에도 함께 기뻐해주는 사람이 있다는 것, 그것이 행복이다. 조언하는 것. 물으면 성심껏 답하라. 당신의 관점이 누군가에게는 해답이 될 수 있다. 소개하는 것. 좋은 책, 좋은 장소, 좋은 서비스. 당신이 경험한 좋은 것들을 알려주면 된다.

오늘 당장 실천해보자. 작은 시작이 큰 변화를 만든다.

도움받은 사람에게 감사 인사하기

지금까지 살면서 도움받은 사람들을 떠올려보라. 조언해준 선배, 기회를 준 상사, 어려울 때 도와준 친구, 믿고 기다려준 가족. 그들에게 오늘 한 번 진심으로 연락해보자.

"그때 정말 감사했습니다. 덕분에 여기까지 왔습니다."

단순한 인사가 아니다 구체적으로 어떤 도움을 받았는지, 그것이 어떤 변화를 만들었는지 전하라. 나는 작년에 내 인생에 도움을 준 100명에게 감사 편지를 썼다. 반응은 놀라웠다. 많은 사람들이 울었다고 했다. 자신이 한 작은 도움이 그렇게 큰 영향을 줬는지 몰랐다고. 그리고 더 놀라운 일이 일어났다. 잊었던 관계가 되살아났고, 끊어졌던 인연이 다시 이어졌다. 그들 중 많은 이가 지금 내 사업의 든든한 지원군이 되었다. 늦었다고 생각하지 마라. 감사는 유통기한이 없다. 10년 전 일이라도, 20년 전 일이라도 괜찮다. 지금이라도 전하라.

내 전문성으로 도울 수 있는 사람 찾기

당신이 잘하는 것은 무엇인가? 그것으로 누구를 도울 수 있는가? 거창할 필요 없다. 엑셀을 잘한다면 엑셀로 고생하는 사람을 도와라. 글을 잘 쓴다면 자기소개서를 봐줘라. 요리를 잘한다면 레시피를 공유하라. 아이를 잘 키운다면 초보맘에게 조언하라. 작은 도움이 큰 감동을 준다. 당신에게는 쉬운 일이 누군가에게는 넘기 힘든 산일 수 있다. 나는 매주 금요일 오후를 '도움의 시간'으로 정했다. 그 시간에는 무료로 구매대행 상담을 한다. 처음 시작하는 사람들, 막막한 사람들을 돕는다. 돈은 받지 않는다. 대신 그들이 성공하면 또 다른 누군가를 도와달라고 부탁한다. 이렇게 시작한 것이 지금은 큰 커뮤니티가 됐다. 서로 돕고, 함께 성장하는 생태계가 만들어졌다.

주변을 둘러보라. 지금 당장 도울 수 있는 사람이 있다. 작은 도움이라도 베풀어라. 그것이 시작이다.

기대 없이 베푸는 연습하기

가장 어려운 것이다. 기대 없이 베푸는 것. "내가 이만큼 했는데…" "최소한 고맙다는 말은…", "나중에 뭐라도 해주겠지…" 이런 생각이 든다면 아직이다. 진짜 베풂은 해주고 잊어버리는 것이다. 하지만 여기서 중요한 것이 있다. 기대 없이 베푼다고 해서 무작정 퍼주라는 말은 아니다. 나도 처음엔 이 부분을 오해했다. 모든 사람에게, 모든 것을 베풀려 했다. 그 결과는 좋지 못했다. 일부 사람들은 당연하게 받아들이며 더 요구했다. 그래서 나는 나만의 원칙을 세웠다.

첫째, 내가 줄 수 있는 범위 내에서만 베푼다. 시간이든 돈이든 정보든, 내 것을 다 털어서 주면 안 된다. 비행기 산소마스크도 내가 먼저 쓰고 남을 도우라고 하지 않나. 내가 무너지면 아무도 도울 수 없다. 나는 하루 중 2시간만 '베푸는 시간'으로 정했다. 그 시간 안에서 최대한 돕는다. 그 이상은 정중히 거절한다. "죄송하지만 지금은 여기까지만 도와드릴 수 있어요. 다음에 기회가 되면 더 도와드릴게요."

둘째, 받을 자세가 된 사람에게만 베푼다. 아무리 좋은 조언도 듣지 않는 사람에게는 소용없다. 물을 줘도 마시지 않는 말을 억지로 마시게 할 수는 없다. 한두 번 도움을 줬는데 실행하지 않는 사람, 계속 같은 질문만 반복하는 사람, 남 탓만 하는 사람. 이런 사람들에게는 더 이상 시간을 쓰지 않는다. 내 시간도 귀하니까.

셋째, 가르쳐주되 대신 해주지는 않는다. "물고기를 주지 말고 물고기 잡는 법을 가르쳐라"는 말이 있다. 정말 맞는 말이다. 처음엔 불쌍해서 대신 해줬다. 상품 등록도 해주고, 마케팅 문구도 써줬다. 하지만 그들은 성장하지 않고 계속 의존했다. 그래서 원칙을 바꿨다. 방법은 알려주되, 실행은 본인이 하도록 한다. "이렇게 하면 됩니다. 한번 해보고 막히는 부분 있으면 물어보세요." 처음엔 서운해하는 사람도 있지만, 결국 이게 진짜 도움이다.

넷째, 에너지 교환의 균형을 맞춘다. 꼭 돈이나 물질적인 것이 아니어도 된다. 하지만 어떤 형태로든 에너지 교환은 있어야 한다. 누군가는 고마움을 표현하고, 누군가는 자신의 경험을 공유하며, 누군가는 다른 사람을 도와준다. 이런 선순환이 일어나야 건강한 관계다. 일방적으로 받기만 하려는 사람들은 자연스럽게 멀어진다. 모든 사람과 좋은 관계를 유지할 필요는 없다.

다섯째, 나의 가치를 지킨다. 공짜로 베푼다고 해서 가치가 없는 것은 아니다. 오히려 가치를 인정받을 때 더 많이 베풀 수 있다. 나는 무료 상담을 하지만, 그것이 가치 없다고 생각하지 않는다. "보통 이런 상담은 시간당 30만 원입니다. 오늘은 특별히 무료로 해드리는 거예요"라고 말한다. 그러면 받는 사람도 더 진지하게 듣는다. 씨앗을 뿌리고 잊어버리라고 했지만, 씨앗을 뿌릴 밭은 선택해야 한다. 돌밭에 아무리 씨를 뿌려도 싹이 나지 않는다. 좋은 땅을 찾아 씨를 뿌리고, 그다음은 잊어버리는 것이다. 베풂은 전략이 아니라 삶의 방식이어야 한다. 하지만 그것이 나를 소진시켜서는 안 된다. 지속 가능한 베풂, 그것이 진짜 베풂이다.

관계도 마찬가지다. 베풀되 원칙을 가지고 베풀어라. 그래야 오래갈 수 있고, 더 많은 사람에게 도움을 줄 수 있다.

마무리: 네트워크는 내 수준의 반영이다

이 챕터를 마무리하면서 하고 싶은 말이 있다. 네트워크는 만드는 것이 아니라 끌어당기는 것이다. 좋은 사람을 찾으려 헤매지 마라. 먼저 좋은 사람이 되어라. 그러면 좋은 사람들이 알아서 찾아온다. 주변을 바꾸고 싶다면 나를 바꿔라. 내가 바뀌면 주변이 바뀐다. 이것은 내가 직접 경험한, 검증된 사실이다. 받으려 하지 말고 먼저 주어라. Give and Take가 아니라 Give and Give다. 계속 주다 보면 어느 순간 예상치 못한 곳에서 예상치 못한 방식으로 Take가 저절로 찾아온다. 당신이 변하면 네트워크가 변한다. 네트워크는 고정되어 있지 않고 유동적이다. 과거의 나와 맞았던 사람들이 지금의 나와 안 맞을 수 있다. 그것은 자연스러운 일이다. 그들은 미련 갖지 말고 보내주면 된다. 그 자리를 지금의 나와 주파수가 맞는 사람들이 채울 것이다.

지금 당장 실천할 수 있는 것들이 있다. 감사 메시지 3개 보내기. 베풂 실천하기. 부정적 관계 정리하기. 작은 실천이 큰 변화를 만든다. 오늘 시작하면 1년 후 네트워크가 완전히 바뀐다.

마지막으로, 진짜 부자는 혼자 부자가 되지 않는다. 함께 부자가 된다. 혼자서는 한계가 있고, 함께해야 더 크게, 더 멀리 갈 수 있다. 그리고 무엇보다, 혼자 부자가 되면 외롭다. 함께 성공해야 진짜 행복하다. 당신도 그런 사람이 되길 바란다. 혼자 성공하려 하지 말고, 함께 성공하라. 먼저 좋은 사람이 되고, 좋은 사람들과 함께하며, 함께 성장하고, 함께 성공하라. 그것이 진짜 부자의 길이다. 그리고 그 길은 오늘, 누군가에게 도움의 손길을 내미는 것에서 시작된다. 변화는 작은 행동에서 시작된다. 거창한 계획이 아니라 오늘의 작은 실천이 미래를 바꾼다.

당신의 네트워크가, 그리고 인생이 풍요로워지길 진심으로 바란다.

chapter 5

부자가 된 후
잊지 말아야 할 것들

연매출 100억 원을 달성했을 때, 나는 행복하지 않았다. 아니, 정확히 말하면 행복한 줄 알았다. 통장 잔고가 늘어날 때마다 희열을 느꼈다. 하지만 어느 날 문득 깨달았다. 부자가 되었지만, 행복하지 않다는 것을. 아니, 오히려 더 불안하고 외로웠다. 돈이 없을 때는 "돈만 있으면…"이라고 생각했다. 하지만 돈이 생기니 다른 문제들이 보이기 시작했다. 사람들이 나를 대하는 태도가 달라졌고, 진심을 구별하기 어려워졌으며, 더 많이 벌어야 한다는 압박감에 시달렸다. 그때 만난 한 선배의 말이 뇌리에 박혔다.

"부자가 되는 것보다 부자로 남는 게 더 어렵고, 부자로 남는 것보다 행복한 부자가 되는 게 더 어렵다."

그 말을 듣고 주변을 둘러봤다. 정말이었다. 돈은 많지만 불행한 사람들이 너무 많았다. '가족과 멀어진 사업가, 건강을 잃은 부자, 친구가 없는 성공자, 매일 불안에 시달리는 자산가…' 나도 그렇게 될 뻔했다. 아니, 이미 그렇게 되고 있었다. 다행히 제때 깨달았다. 진짜 성공은 돈을 버는 것이 아니라, 돈을 버는 과정에서도 행복하고, 돈을 번 후에도 행복한 것이라는 걸. 그리고 그것을 지키기 위해 잊지 말아야 할 것들이 있다는 걸.

돈이 목적이 되는 순간, 노예가 된다
수단과 목적의 전도

처음 사업을 시작할 때를 기억한다. 목표는 명확했다. 자유롭게 살고 싶었고, 가족과 더 많은 시간을 보내고 싶었으며, 하고 싶은 일을 하며 살고 싶었다. 돈은 그것을 위한 수단이었다. 하지만 어느 순간부터 바뀌었다. 돈이 목적이 되었다. 월 1,000만 원을 벌면 2,000만 원을, 2,000만 원을 벌면 5,000만 원을, 5,000만 원을 벌면 1억 원을 목표로 했다. 끝이 없었다. 가족과의 시간? "돈 좀 더 벌고 나서"라고 미뤘다. 건강? "나중에 돈 벌어서 관리하면 돼"라고 생각했다. 취미? "시간 낭비"라고 치부했다.

결국 무엇을 위해 돈을 버는지 잊어버렸다. 돈을 위해 돈을 벌고 있었다. 통장 잔고는 늘었지만, 삶의 만족도는 줄었다. 자유를 위해 시작했는데, 오히려 돈의 노예가 되어 있었다.

"얼마면 충분한가?"의 함정

"얼마를 벌면 만족할까?"

이 질문에 답할 수 없다면 위험하다. 목표가 계속 높아지기 때문이다. 1억 원이면 충분하다고 생각했는데, 막상 1억 원을 벌면 10억 원이 필요하다고 느낀다. 10억 원을 벌면 100억 원을 원한다. 심리학에서는 이를 '헤도닉 트레드밀Hedonic Treadmill'이라고 한다. 러닝머신 위에서 아무리 뛰어도 제자리인 것처럼, 아무리 벌어도 만족하지 못하는 상태다. 나도 그 트레드밀 위에 있었다. 월 매출 7억 원을 달성했지만 만족하지 못했다. 10억 원이 목표가 되었고, 20억 원을 꿈꿨다. 끝이 없었다. 그러다 한 가지를 깨달았다. '충분함'은 금액이 아니라 마음의 상태라는 것을. 10억 원을 가져도 부족하다고 느끼는 사람이 있고, 1억 원을 가져도 충분하다고 느끼는 사람이 있다.

중요한 것은 '왜'다. 왜 그 돈이 필요한가? 무엇을 위해 필요한가? 그것으로 무엇을 하고 싶은가?

헤도닉 트레드밀에서 벗어나기

끝없는 욕망의 러닝머신에서 내려오는 방법은 무엇일까? 첫째, 비교를 멈춰라. 남과 비교하는 순간 불행이 시작된다. 누군가는 나보다 더 많이 가졌고, 더 빨리 성장했으며, 더 큰 성공을 거뒀다. 그래서 뭐? 그게 내 행복과 무슨 상관인가? 둘째, 과정을 즐겨

라. 목표 달성의 기쁨은 순간이다. 하지만 과정은 매일이다. 과정이 즐겁지 않으면 인생의 대부분이 불행하다. 셋째, 감사를 연습하라. 지금 가진 것에 감사하지 못하면, 더 많이 가져도 감사하지 못한다. 감사는 충분함의 시작이다.

돈의 주인이 되는 법

돈의 노예가 아닌 주인이 되려면 어떻게 해야 할까? 첫째, 명확한 목적을 가져라. 돈은 수단이다. 목적이 명확해야 수단도 의미가 있다. 나는 이제 매년 '왜 돈을 버는가?'를 다시 정의한다. 가족의 안정된 삶, 의미 있는 일에 투자, 도움이 필요한 사람들에게 지원 등 이런 목적들이 나를 돈의 주인으로 만든다. 둘째, '충분함'의 기준을 정하라. 무한정 벌 수는 없다. 언젠가는 멈춰야 한다. 나는 '연 10억 원 순수익'을 충분함의 기준으로 정했다. 그 이상은 욕심이라고 생각한다. 대신 그 돈으로 어떻게 의미 있게 살 것인가에 집중한다. 셋째, 정기적으로 점검하라. 매월 마지막 날, 나는 스스로에게 묻는다. "이번 달은 돈의 주인으로 살았는가, 노예로 살았는가?" 노예로 살았다면 다음 달은 다르게 산다.

초심을 잃으면 모든 것을 잃는다
배고팠던 시절의 간절함을 기억하라

인천공항 세관에서 월급 170만 원을 받던 시절, 나는 간절했다. 월세 내고, 생활비 쓰고 나면 남는 게 없었다. 친구들 결혼식에 축의금 낼 돈도 부담스러웠고, 부모님께 용돈 드리고 싶어도 여유가 없었다. 그때의 나는 "월 500만 원만 벌어도 소원이 없겠다"고 생각했다. 그 간절함이 나를 움직였다. 퇴근 후 새벽까지 중국 사이트를 뒤지고, 주말도 없이 상품을 연구했다. 피곤해도, 힘들어도 버틸 수 있었다. 간절했으니까. 하지만 돈이 생기면서 간절함이 사라졌다. 배부른 돼지가 되었다. 새로운 도전? 귀찮았다. 혁신? 필요성을 못 느꼈다. 그렇게 안주하는 순간, 성장이 멈췄다. 위기는 예고 없이 왔다. 경쟁자들이 치고 올라왔고, 시장이 변했으며, 내 방식이 통하지 않기 시작했다. 그제야 깨달았다. 배고픈 늑대가 배부른 사자를 이긴다는 것을.

첫 매출 10만 원의 감동을 잊지 마라

아직도 기억난다. 2021년 6월, 구매대행을 시작하고 10일 만에 들어온 첫 주문. 단돈 3,000원짜리 액세서리였지만, 손이 떨렸다. 주문 확인 메시지를 열 번은 다시 읽었다. 정말 누군가 내 상품을 샀다는 게 믿기지 않았다. 포장하면서도 설레었고, 택배 보내면서도 가슴이 뛰었다. 그날 밤은 너무 기뻐 잠도 못 잤다. 첫 달 매출 10만 원. 지금 생각하면 웃음이 나오는 금액이다. 하루 매출로도 부족한 금액. 하지만 그때의 10만 원이 지금의 100억 원보다 더 값졌다. 왜? 그 안에 가능성이 있었으니까. 지금도 매출이 오를 때마다 기쁘다. 하지만 그때만큼은 아니다. 익숙해졌고, 당연해졌다. 그래서 위험하다. 감동이 사라지면 열정도 사라진다. 나는 지금도 첫 주문 스크린샷을 간직하고 있다. 매일 아침 그것을 본다. 초심을 잊지 않기 위해서다.

작은 것에 감사했던 마음

공무원 시절, 점심값 5,000원도 아꼈다. 김밥 3,000원으로 때우고 2,000원을 아껴서 뭐라도 해보려 했다. 그때는 2,000원이 소중했다. 강의를 처음 열었을 때, 너무 긴장했다. 사람들 앞에서 말을 더듬고, 손이 떨렸다. 그래도 한 명 한 명이 고마웠다. 내 이야기를 들어주러 와줬다는 것만으로도 감사했다. 지금은 어떤가? 강의는 너무 익숙하게 잘하고 있다. 수백 명 앞에서도 긴장하지 않는다. 하지만 가끔 무서워진다. 감사가 사라지면 발전도 멈춘다는 걸 아니까. 작은 것에 감사할 줄 아는 사람만이 큰 것도 지킬 수 있다. 100원에 감사하지 못하면 1억 원도 지킬 수 없다. 한 명의 고객에게 감사하지 못하면 만 명의 고객도 떠난다.

겸손은 선택이 아닌 생존전략

"이 정도면 나도 좀 성공했지."

이런 생각이 들 때가 가장 위험하다. 교만은 추락의 시작이다. 내가 월 매출 3억 원을 달성했을 때, 우쭐했다. 강의를 열면 사람들이 몰려왔고, 인터뷰 요청도 많았다. 스스로 대단하다고 생각했다. 나도 모르게 거만해졌다. 그때 한 수강생이 물었다. "선생님은 왜 월 3억 원에 만족하세요? 저 같으면 30억 원을 목표로 할 텐데요." 뒤통수를 맞은 것 같았다. 맞다. 나는 작은 성공에 취해 있었다. 더 큰 세상을 보지 못하고 있었다. 겸손은 미덕이 아니라 생존전략이다. 겸손해야 배울 수 있고, 배워야 성장할 수 있으며, 성장해야 살아남을 수 있다. 거만해지는 순간, 도태가 시작된다. 지금도 나보다 잘하는 사람은 수없이 많다. 내가 아는 것은 빙산의 일각이다. 매일 배워도 부족하다. 이것을 아는 것이 지혜의 시작이다.

돈으로 살 수 없는 것들의 가치
건강: 돈 벌다가 병원비로 다 쓰는 아이러니

"건강을 잃으면 모든 것을 잃는다."

진부한 말이다. 하지만 아프기 전까지는 실감하지 못한다. 돈을 벌기 위해 건강을 희생하는 사람들을 많이 봤다. 새벽까지 일하고, 주말도 없이 달리며, 스트레스를 커피와 에너지 드링크로 버틴다. 그리고 결국 쓰러진다. 아이러니한 것은 그렇게 번 돈을 병원비로 다 쓴다는 것이다. 더 심각한 것은 건강을 잃으면 일할 수도 없다는 것이다. 돈을 벌 수 있는 능력 자체를 잃는다. 건강은 모든 것의 기초다. 아무리 돈이 많아도 아프면 쓸 수 없다. 아무리 성공해도 병원 침대에 누워있으면 무슨 소용인가? 젊을 때는 건강이 무한할 것 같다. 하지만 한번 망가지면 회복하기 어렵다. 그러니 예방이 최선이다. 규칙적인 운동, 균형 잡힌 식사, 충분한 수면. 기본적인 것들이지만 가장 중요하다.

가족: 성공했지만 혼자인 사람들

내가 아는 한 사장님이 있다. 연 매출 100억 원대 기업을 운영한다. 겉으로 보면 대단한 성공자다. 하지만 그는 외롭다. 아내와는 이혼했고, 자녀들과는 연락이 끊겼다. 명절에도 혼자다. 돈은 많지만 함께 쓸 사람이 없다. 그가 한 말이 잊혀지지 않는다.

"돈 좀 덜 벌더라도 가족과 함께했어야 했어. 이제 와서 후회해도 늦었지만."

나도 위험했다. 사업에 미쳐 있을 때, 가족은 뒷전이었다. 부모님과의 약속도 자주 깼고, 형제들 모임도 빠졌다. "바빠서"가 항상 핑계였다. 다행히 늦지 않게 깨달았다. 이제는 가족과의 시간을 먼저 확보한다. 매주 부모님께 안부 전화 드리고, 월 1회는 꼭 찾아뵙는다. 형제들과도 정기적으로 만난다. 가족은 복리로 쌓이는 자산이다. 오늘 투자하지 않으면 내일은 더 멀어진다. 돈은 잃어도 다시 벌 수 있지만, 가족은 한번 잃으면 되찾기 어렵다.

친구: 진짜 친구 vs 돈 때문에 모인 사람들

돈이 생기면서 사람들이 몰려들었다. 갑자기 연락하는 오래된 지인들, 친한 척하는 처음 보는 사람들, 도움을 청하는 수많은 사람들. 처음엔 인기가 있는 줄 알았다. 하지만 곧 깨달았다. 그들이 좋아하는 건 내가 아니라 내 돈이라는 것을. 진짜 친구는 따로 있었다. 내가 공무원일 때도, 사업 초기 힘들 때도 곁에 있던 친구들. 그들은 내 성공을 진심으로 기뻐했지만, 그것 때문에 태도가 변하지는 않았다. 한 친구가 그랬다.

"야, 너 돈 많이 벌어도 우리한테 밥 사는 거 말고는 똑같이 대해. 우리가 원하는 건 친구지, 후원자가 아니야."

그 말이 고마웠다. 그래, 이게 진짜 친구다. 돈으로 친구를 살 수는 없다. 오히려 돈 때문에 진짜 친구를 잃을 수 있다. 조심해야 한다. 돈을 앞세우는 순간, 진정한 관계는 끝난다.

시간: 가장 귀한 자산

"시간은 금이다"라고 하지만, 사실 시간은 금보다 훨씬 귀하다. 금은 잃어도 다시 벌 수 있지만, 시간은 한번 가면 돌아오지 않는다. 돈에 눈이 멀었을 때, 나는 시간을 함부로 썼다. 돈 되는 일이면 뭐든 했다. 새벽이든 주말이든 가리지 않았다. 시간당 얼마를 벌 수 있는지만 계산했다. 하지만 정작 중요한 것들에는 시간을 쓰지 못했다. 부모님 생신, 친구 결혼식, 가족 여행… "다음에"라고 미뤘다. 그런데 그 "다음"이 오지 않는 경우도 있다는 걸 깨달았다.

이제는 다르다. 시간을 먼저 배분한다. 가족 시간, 건강 시간, 성장 시간을 먼저 확보하고, 남은 시간에 일한다. 신기하게도 일의 효율은 오히려 높아졌다. 시간 부자가 진짜 부자다. 하고 싶은 일을 할 수 있는 시간, 사랑하는 사람과 보낼 수 있는 시간, 그것이 진정한 부다.

평판: 한 번 잃으면 돈으로도 못 산다

평판은 쌓는 데는 10년이 걸려도 무너지는 데는 10초면 충분하다. 한 지인이 있었다. 사업 수완이 뛰어나 빠르게 성장했다. 하지만 그 과정에서 많은 사람을 속였고, 약속을 어겼으며, 신뢰를 저버렸다. 돈은 벌었지만 평판은 바닥이었다. 결국 무너졌다. 아무도 그와 일하려 하지 않았고, 새로운 사업을 해도 실패했다. 돈으로 평판을 사려 했지만 불가능했다. 한번 잃은 신뢰는 돌아오지 않았다. 나도 위험한 순간이 있었다. 더 많은 이익을 위해 고객과의 약속을 어길 뻔했고, 파트너를 배신할 뻔했다. 다행히 멈췄다. 단기적 이익보다 장기적 신뢰가 중요하다는 걸 알았으니까. 평판은 복리로 쌓인다. 작은 약속을 지키고, 정직하게 거래하고, 신뢰를 쌓아가면 그것이 가장 큰 자산이 된다. 그 자산은 어떤 경제 위기에도 사라지지 않는다.

나눔이 만드는 선순환

받기만 하면 썩는다

고인 물은 썩는다. 돈도 마찬가지다. 쌓아두기만 하면 독이 된다. 월 매출 5억 원을 돌파했을 때, 나는 돈을 쌓는 데만 집중했다. 통장 잔고 늘어나는 걸 보며 뿌듯해했다. 하지만 이상한 일이 일어났다. 돈은 늘었는데 불안도 늘었다. "이 돈을 잃으면 어떡하지?", "누가 빼앗아 가면 어떡하지?", "세금 더 내야 하는 거 아냐?" 돈에 대한 집착이 커질수록 마음은 더 가난해졌다. 그리고 깨달았다. 물은 흘러야 맑아진다는 것을. 돈도 순환해야 건강하다는 것을.

나눔의 진정한 의미: 베풂이 아닌 순환

나눔은 베풂이 아니다. 순환이다. 내가 받은 것을 다시 흘려보내는 것이다. 처음 나눔을 시작했을 때는 오해했다. 내가 대단한 일을 하는 줄 알았다. "내가 베푼다"는 우월감도 있었다. 하지만 곧 깨달았다. 내가 주는 게 아니라 돌려주는 거라는 것을. 내가 여기까지 올 수 있었던 건 수많은 사람들의 도움 덕분이다. 가르쳐준 선배들, 응원해준 동료들, 믿어준 고객들. 그들에게 직접 갚을 수는 없지만, 다른 누군가를 통해 갚을 수는 있다. 이제 수익의 일부는 나눈다. 거창한 기부가 아니다. 후배들 교육비 지원하고, 어려운 창업자들 도우며, 지역 아이들 장학금을 준다. 작지만 의미 있는 순환이다.

작은 나눔이 만드는 큰 변화

나눔은 거창할 필요 없다. 작은 것부터 시작하면 된다. 무료 강의를 시작했다. 처음엔 10명도 안 왔다. 하지만 꾸준히 했다. 구매대행 노하우를 아낌없이 공유했다. "그런 걸 왜 공짜로 알려주냐"는 사람도 있었다. 하지만 계속했다. 1년 후, 놀라운 일이 일어났다. 내 강의를 들은 사람들이 성공하기 시작했다. 그들이 다시 찾아와 감사를 전했고, 더 큰 기회를 가져다줬다. 내가 준 것보다 훨씬 더 많은 것이 돌아왔다. 한 수강생은 월 매출 1억 원을 달성한 후 이렇게 말했다.

"선생님이 무료로 가르쳐주셔서 시작할 수 있었어요. 저도 이제 다른 사람들을 돕고 싶어요."

그녀는 지금 초보자들을 위한 멘토링을 하고 있다. 나눔이 나눔을 낳은 것이다.

함께 성장하는 생태계 만들기

혼자 부자 되는 것은 의미가 없다. 함께 성장해야 지속 가능하다. 내가 만든 구매대행 커뮤니티는 이제 1만 명이 넘는다. 처음엔 정보 공유 카페였는데, 이제는 하나의 생태계가 됐다. 서로 돕고, 함께 성장하며, 같이 성공을 만든다. 신입은 선배에게 배우고, 선배는 후배를 가르치며 다시 배운다. 실패 경험을 공유하면 모두가 같은 실수를 피할 수 있고, 성공 노하우를 나누면 모두가 더 빨리 성장한다.

경쟁자가 아니라 동반자다. 시장은 충분히 크고, 기회는 많다. 함께하면 더 큰 시장을 만들 수 있다. 실제로 우리 커뮤니티 출신들이 한국 구매대행 시장의 30%를 차지한다. 이것이 진정한 부다. 나만 잘사는 게 아니라 함께 잘사는 것. 그래야 행복하고, 그래야 오래간다.

진정한 부의 정의
통장 잔고 vs 삶의 질

"부자는 얼마를 가진 사람인가?" 대부분 통장 잔고로 답한다. 10억 원? 100억 원? 하지만 그것은 숫자일 뿐이다. 내가 아는 진짜 부자들은 다르다. 그들에게 부란 '선택의 자유'다. 하고 싶은 일을 할 수 있는 자유, 하기 싫은 일을 안 할 수 있는 자유. 통장에 100억 원이 있어도 매일 16시간 일해야 한다면? 가족과 시간을 보낼 수 없다면? 건강을 잃었다면? 그것이 부자일까? 반대로 통장에 1,000만 원만 있어도 원하는 삶을 살 수 있다면? 매일 8시간만 일하고, 가족과 저녁을 먹으며, 주말에는 취미 생활을 즐긴다면? 이쪽이 더 부자 아닐까? 삶의 질이 진정한 부의 척도다. 얼마나 많이 가졌는지가 아니라, 얼마나 잘 살고 있는지가 중요하다.

혼자 부자 vs 함께 부자

혼자 부자 되면 외롭다. 진짜다. 주변이 다 가난한데 나만 부자면 어떤 일이 일어날까? 친구들과 멀어진다. 수준이 안 맞아서. 가족과도 불편해진다. 부담스러워서. 결국 혼자가 된다. 내가 처음 돈을 벌었을 때 그랬다. 친구들 만나면 돈 자랑하고 싶었고, 비싼 곳에 데려가서 "내가 쏠게" 하고 싶었다. 하지만 그럴수록 사이가 멀어졌다. 그들이 원한 건 돈 많은 친구가 아니라 그냥 친구였을 것이다. 지금은 다르다. 함께 성장하는 데 집중한다. 내 주변 사람들도 함께 부자가 되도록 돕는다. 정보 공유하고, 기회 연결하고, 함께 사업한다.

그 결과? 이제는 비슷한 수준의 사람들이 많아졌다. 돈 얘기해도 불편하지 않고, 함께 더 큰 꿈을 꿀 수 있다. 무엇보다 외롭지 않다.

물질적 부 vs 정신적 부

물질적 부는 한계가 있다. 좋은 차, 좋은 집, 명품… 처음엔 행복하지만 금방 익숙해진다. 그리고 더 좋은 걸 원한다. 끝이 없다. 하지만 정신적 부는 다르다. 성장하는 기쁨, 도전하는 설렘, 감사하는 마음, 나누는 행복. 이것들은 시간이 지날수록 더 커진다. 내가 진짜 행복을 느끼는 순간은 언제일까? 새 차를 살 때가 아니다. 내 강의를 듣고 성공한 사람의 감사 메시지를 받을 때다. 명품 백을 살 때가 아니다. 가족과 소박한 저녁을 먹으며 웃을 때다. 물질은 도구일 뿐이다. 그것으로 무엇을 하느냐가 중요하다. 물질 자체가 목적이 되면 영원히 목마르다.

현재의 행복 vs 미래의 행복

"나중에 행복할 거야."

이것은 가장 큰 착각이다. 현재가 불행한데 미래가 행복할 리 없다. 행복은 미루는 게 아니라 지금 누리는 것이다. 나도 그랬다. "월 1억 원 벌면 행복할 거야." 하지만 1억 원을 벌어도 행복하지 않았다. "10억 원 벌면..." 역시 마찬가지였다. 행복을 미래로 미룰수록 현재는 더 불행했다. 지금은 다르다. 오늘 행복하려고 노력한다. 아침에 일어나서 감사하고, 일하면서 즐거움을 찾으며, 저녁에는 하루를 돌아보며 만족한다. 미래를 위해 현재를 희생하지 않는다. 대신 현재를 충실히 살면서 미래를 준비한다. 그것이 진정한 균형이다.

부자로서의 책임과 사명

더 많이 가진 자의 의무

"돈이 많으면 책임도 크다." 처음엔 이 말이 부담스러웠다. 내가 힘들게 번 돈인데 왜 책임까지 져야 하나? 하지만 시간이 지나면서 깨달았다. 내가 번 돈은 온전히 내 능력만으로 번 게 아니라는 것을. 사회가 만들어준 시스템, 고객들의 신뢰, 직원들의 노력, 모든 것이 합쳐진 결과라는 것을.

그렇다면 나도 사회에 돌려줘야 한다. 그것이 순리다. 세금 내는 것? 당연하다. 그것도 사회 환원이다. 하지만 그것만으로는 부족하다. 일자리를 만들고, 후배들을 키우며, 어려운 사람들을 돕는다. 이것이 더 많이 가진 자의 의무다. 의무라고 하니 무겁게 들리지만, 사실 기쁨이다. 줄 수 있다는 것 자체가 축복이니까.

롤모델이 되어야 하는 이유

싫든 좋든, 성공하면 누군가의 롤모델이 된다. 특히 나처럼 평범한 사람이 성공하면 더 그렇다. "저 사람도 했는데 나도 할 수 있겠다." 이런 희망을 주는 것, 그것이 롤모델의 역할이다. 거창할 필요 없다. 그저 정직하게 성공하고, 겸손하게 나누며, 꾸준히 성장하는 모습을 보여주면 된다. 가끔 부담스럽다. 실수하면 안 될 것 같고, 약한 모습을 보이면 안 될 것 같다. 하지만 그것도 다 보여준다. 완벽한 사람은 없으니까. 오히려 실수하고 극복하는 모습이 더 큰 가르침이 된다. 내 목표는 "나도 할 수 있다"는 증거가 되는 것이다. 평범한 공무원도, 지방대 출신도, 흙수저도 성공할 수 있다는 것을 보여주는 것. 그것이 내가 받은 것에 대한 보답이다.

사회에 환원하는 방법

사회 환원이라고 하면 거창한 기부를 떠올린다. 하지만 방법은 다양하다.

- **교육:** 내가 아는 것을 가르친다. 무료 강의, 멘토링, 책 출간. 지식을 나누는 것도 환원이다.
- **고용:** 일자리를 만든다. 단순히 직원을 뽑는 게 아니라, 그들이 성장할 수 있는 환경을 만든다.
- **투자:** 가능성 있는 후배들에게 투자한다. 돈뿐만 아니라 경험과 네트워크도 나눈다.
- **기부:** 돈이 필요한 곳에 기부한다. 하지만 일회성이 아니라 지속적으로, 변화를 만들 수 있도록.
- **시간과 재능을 나눈다:** 지역 아이들에게 창업 교육을 하고, 청년들에게 상담을 해준다.

중요한 것은 지속성이다. 한 번 크게 하고 끝나는 게 아니라, 작더라도 꾸준히 하는 것. 그래야 진짜 변화를 만들 수 있다.

다음 세대를 위한 준비

내가 받은 가장 큰 선물은 기회였다. 누군가 나에게 기회를 줬기에 여기까지 올 수 있었다. 이제는 내가 기회를 만들 차례다. 다음 세대를 위해. '디노 창업 스쿨'을 만들었다. 잠재력은 있지만 기회가 없는 청년들을 선발해서 무료로 교육한다. 단순히 지식만 전하는 게 아니라, 실전 경험을 쌓을 수 있도록 프로젝트도 함께한다. '청년 창업 펀드'도 조성했다. 아이디어는 있지만 자본이 없는 청년들에게 시드머니seed money를 제공한다. 실패해도 괜찮다. 도전 자체가 배움이니까.

가장 중요한 것은 마인드셋이다. "할 수 있다"는 자신감, "실패해도 괜찮다"는 용기, "함께 성장한다"는 가치관. 이것을 심어주는 게 내 역할이다. 10년 후, 20년 후를 생각한다. 내가 키운 사람들이 또 다른 사람들을 키우고, 그들이 만든 생태계가 더 많은 기회를 만들기를. 그것이 진정한 유산이다.

지속 가능한 부를 위한 원칙
욕심과 만족의 균형점

욕심이 없으면 발전이 없다. 하지만 욕심이 과하면 파멸한다. 균형이 중요하다. 나는 '70%의 법칙'을 만들었다. 능력의 70%만 쓴다. 30%는 여유분으로 남겨둔다. 매출 목표도 70%, 일하는 시간도 70%, 투자도 70%. 왜 70%일까? 100% 쓰면 번아웃이 온다. 한번 무너지면 회복하는 데 더 오래 걸린다. 반면 50%는 너무 안 일하다. 성장이 멈춘다. 70%는 적당한 긴장감을 유지하면서도 지속 가능한 수준이다. 실제로 이 원칙을 적용한 후 오히려 실적이 좋아졌다. 여유가 있으니 기회가 보이고, 창의적인 아이디어도 나온다.

성장과 안정의 조화

"공격이 최선의 방어다" vs "현금이 왕이다" 둘 다 맞는 말이다. 상황에 따라 다를 뿐. 나는 '7:3 원칙'을 쓴다. 자산의 70%는 안정적으로, 30%는 공격적으로 운용한다. 사업도 마찬가지. 70%는 검증된 방식으로, 30%는 새로운 도전으로. 이렇게 하면 큰 위기가 와도 버틸 수 있다. 동시에 새로운 기회도 잡을 수 있다. 실제로 코로나 때도 이 원칙 덕분에 살아남았다. 오히려 위기를 기회로 만들 수 있었다. 중요한 것은 비율을 지키는 것이다. 잘될 때는 공격적으로 가고 싶고, 어려울 때는 움츠러들기 쉽다. 하지만 원칙을 지켜야 장기적으로 성장할 수 있다.

일과 삶의 밸런스

초기에는 워라밸이 아니라 목표를 향해 미친 듯이 달려야 한다. 나도 그랬다. 24시간이 모자랐고, 주말도 없었다. 그래야 성공할 수 있다고 믿었다. 어느 정도는 맞다. 시작할 때는 집중이 필요하다. 하지만 이런 삶을 지속하는 것은 좋지 않다. 번아웃이 오고, 건강을 잃으며, 관계가 망가진다. 성공은 단거리 달리기가 아니라 마라톤이다. 처음부터 전력 질주하면 완주할 수 없다. 페이스 조절이 필요하다. 여러분의 삶에서 중요한 것을 놓치지 않기를 바란다. 돈을 벌기 위해 사는 게 아니라, 살기 위해 돈을 버는 것임을 잊지 마라.

장기적 관점의 중요성

"10년 후를 생각하면 오늘 할 일이 달라진다."

단기 수익에 눈이 멀면 장기 성장을 망친다. 나도 실수를 많이 했다. 당장의 이익을 위해 품질을 낮추고, 고객을 속이고, 파트너를 배신할 뻔했다. 다행히 멈췄다. 그리고 원칙을 세웠다. "10년 후에도 자랑스러운 선택인가?" 이 질문 하나로 모든 것이 달라졌다. 단기 손해를 보더라도 신뢰를 지켰고, 당장 힘들어도 품질을 유지했으며, 돈이 되지 않아도 가치 있는 일을 했다. 지금 그 선택들이 가장 큰 자산이 되었다. 꾸준히 함께한 고객들, 신뢰로 맺어진 파트너들, 튼튼한 브랜드 가치. 이것들은 돈으로 살 수 없는 것들이다. 장기적 관점은 여유를 만든다. 오늘 실패해도 괜찮다. 10년 후를 보고 있으니까. 이 여유가 더 좋은 선택을 가능하게 한다.

실천: 행복한 부자로 사는 법

매일 감사 일기 쓰기

아침에 눈 뜨면 가장 먼저 하는 일이다. 감사한 것 3가지를 적는다. "오늘도 건강하게 일어났다.", "가족이 모두 건강하다.", "일할 수 있는 기회가 있다." 거창할 필요 없다. 당연한 것에 감사하는 것부터 시작한다. 이것을 1년 넘게 하니 삶을 보는 눈이 바뀌었다. 불평 대신 감사가, 부족함 대신 충분함이 보인다. 감사는 마음의 부를 만든다. 아무리 많이 가져도 감사할 줄 모르면 가난한 사람이다. 반대로 적게 가져도 감사할 줄 알면 부자다.

가족과의 시간 확보

가족은 내 성공의 이유이자 목적이다. 그들과의 시간을 확보하기 위해 노력한다. 완벽하진 않지만, 최선을 다한다.

건강 관리 루틴

건강을 잃으면 모든 것을 잃는다. 이것을 알기에 건강 관리를 위해 여러 가지 노력을 하고 있다. 규칙적인 운동, 균형 잡힌 식사, 충분한 수면. 아직 완벽하지는 않지만 계속 개선하고 있다.

진짜 친구들과의 관계 유지

오래된 친구들과 주기적으로 만나려고 노력 중이다. 성공해도 변하지 않는 관계, 그것이 진짜 재산이다.

취미와 여가 생활

일만 하는 삶은 메마르다. 취미와 여가는 삶에 색깔을 더한다.

중요하다는 것을 알기에 시간을 내려고 노력한다.

지속적인 성장과 배움

아직 모르는 게 많다. 세상은 넓고 배울 것은 무궁무진하다. 그래서 계속 배운다. 책도 읽고, 강의도 듣고, 새로운 경험도 한다. 배움을 놓지 않는 것, 그것이 젊음의 비결이다.

마무리: 돈은 도구일 뿐, 목적은 행복이다

이제 이 책의 끝이 보인다. 긴 여정이었다. 월급 170만 원의 공무원에서 연매출 100억 원의 사업가가 되기까지의 이야기를 풀어냈다. 나도 믿기지 않는 수치긴 하다. 하지만 이것은 끝이 아니라 시작이다. 당신의 시작 말이다. 내가 할 수 있었다면, 당신도 할 수 있다. 특별한 재능이 있어서가 아니다. 특별한 환경에서 자라서도 아니다. 그저 포기하지 않고 도전했을 뿐이다. 중요한 것은 돈이 아니다. 돈은 도구일 뿐이다. 진짜 중요한 것은 행복이다. 돈을 벌면서도 행복하고, 돈을 번 후에도 행복한 것. 그것이 진정한 성공이다. 부자가 되는 것은 어렵지 않다. 정말이다. 올바른 방법을 알고, 꾸준히 실천하면 누구나 부자가 될 수 있다. 하지만 행복한 부자가 되는 것은 다른 문제다. 그것은 돈의 문제가 아니라 마음의 문제다.

초심을, 감사를, 나눔을, 그리고 사랑을 잊지 않았으면 좋겠다.

이것들을 잃으면 아무리 돈이 많아도 가난한 사람이다. 당신의 도전을 응원한다. 당신도 부자가 될 것이다. 하지만 더 중요한 것은 행복한 부자가 되는 것이다. 돈도 있고, 시간도 있고, 사랑하는 사람들도 있는. 그런 진정한 부자가 되길 바란다. 마지막으로 하고 싶은 말이 있다.

"당신의 에르메스 모멘트는 언제인가?"

나에게는 그날이 전환점이었다. 당신에게도 그런 순간이 있을 것이다. 아니, 이미 있었을 수도 있다. 그 순간을 붙잡아라. 그리고 행동하라. 지금이 바로 그 순간일 수도 있다. 이 책을 덮는 순간, 당신의 새로운 인생이 시작될 수도 있다.

준비됐는가? 그렇다면 시작하라. 당신의 성공을, 그리고 행복을 진심으로 응원한다.

-디노더노마드

30만 원 상당의 혜택 무료 증정 QR코드
(카메라를 가져다대시면 링크가 나옵니다)

에필로그

도전의 시작을 응원하며

마지막 인사: 함께 걸어온 여정

여기까지 읽어주신 당신에게 정말 감사드립니다. 월급 170만 원 공무원에서 연매출 100억 원의 사업가가 되기까지의 이야기. 쉽지 않은 여정이었고, 때로는 부끄러운 순간들도 있었습니다. 그런 이야기들을 솔직하게 풀어내는 것이 망설여지기도 했습니다. 하지만 제 이야기가 누군가에게는 용기가 될 수 있다고 믿었습니다. "나도 할 수 있구나"라는 작은 불씨가 될 수 있다고 생각했습니다.

"시작이 반이다"라는 말이 있죠. 진부하게 들릴 수도 있지만, 이보다 진실한 말은 없습니다. 저도 시작이 가장 어려웠습니다. 하지만 일단 시작하니 길이 보였고, 걷다 보니 여기까지 왔습니다.

당신도 할 수 있다

제가 특별한 사람이어서 성공한 게 아닙니다. 금수저도 아니었고, 명문대 출신도 아니었으며, 특별한 재능이 있었던 것도 아닙니다. 그저 포기하지 않았을 뿐입니다. 넘어져도 다시 일어났고, 실패해도 다시 도전했습니다. 실패를 두려워하지 마세요. 저도 수없이 실패했습니다. 첫 상품은 하나도 안 팔렸고, 처음 연 강의에는 3명이 왔습니다. 하지만 그 실패들이 모여 지금의 성공을 만들었습니다. 작은 것부터 시작하세요. 월 매출 10만 원이면 어떻습니까? 그것도 시작입니다. 저도 그렇게 시작했습니다. 중요한 것은 크기가 아니라 방향입니다. 완벽한 준비란 없습니다. 준비하다가 평생 갑니다. 70% 준비됐다면 시작하세요. 나머지 30%는 하면서 채워집니다. 아니, 해봐야 뭐가 필요한지 알 수 있습니다.

실천을 위한 첫걸음

오늘 당장 할 수 있는 3가지가 있습니다.

첫째, 시장 조사를 시작하세요. 타오바오를 둘러보고, 쿠팡에서 뭐가 팔리는지 확인하세요. 거창한 분석이 아니어도 됩니다. 그냥 구경하는 것부터가 시작입니다. 둘째, 작은 목표를 세우세요. "이번 날 안에 상품 10개 등록하기", "일주일 안에 중국 사이트 가입하기". 아주 작은 목표여도 좋습니다. 달성 가능한 목표부터 시작하세요. 셋째, 커뮤니티에 가입하세요. 혼자서는 어렵습니다. 함께하는 사람들이 있어야 합니다. 질문하고, 답하고, 격려하며 함께 성장할 동료들을 만나세요.

당신이 혼자가 아니라는 사실을 기억하셨으면 좋겠습니다. 이미 많은 사람들이 이 길을 걷고 있어요. 그리고 그들이 기꺼이 당신을 도울 거예요.

함께 성장하는 커뮤니티

제가 운영하는 '월천버는디노' 커뮤니티에는 1만명이 넘는 구매대행 + 쿠팡 로켓그로스 창업자들이 모여 있습니다. 처음 시작하는 초보자부터 월 매출 억 원대를 달성한 선배들까지. 모두가 자신의 경험을 아낌없이 나눕니다. 실패담도 숨기지 않고 공유하고, 성공 노하우도 독점하지 않습니다. 여기서는 누구나 질문할 수 있고, 누구나 답변할 수 있습니다. 오늘의 초보자가 내일의 멘토가 되는 곳. 그것이 우리 커뮤니티의 힘입니다. 경쟁자가 아닌 동반자로, 함께 시장을 키워가는 사람들. 그들과 함께라면 어떤 어려움도 극복할 수 있습니다.

마지막 당부

시작하는 것이 가장 어렵습니다. 저도 그랬습니다.

"준비가 더 필요해", "시기가 아니야", "나중에 하지 뭐"... 이런 말들로 스스로를 속이며 미뤘습니다. 하지만 시작하지 않으면 아무엇도 일어나지 않습니다. 1년 후에도 지금과 똑같은 고민을 하고 있을 겁니다. 아니, 더 후회하고 있겠죠. "그때 시작했으면 지금쯤…"이라고. 지금이 가장 빠른 때입니다. 내일은 오늘보다 하루 더 늦습니다. 일주일 후는 일주일 더 늦고요. 작게라도 시작하세요. 실패해도 됩니다. 다시 하면 되니까. 하지만 시작하지 않으면 실패할 기회조차 없습니다.

진짜 마지막 인사

당신의 성공을 기다리겠습니다. 언젠가 당신도 자신의 성공 스토리를 들려주길 바랍니다. "디노님 덕분에 시작할 수 있었어요"라는 메시지를 받는 날을 꿈꿉니다. 그날까지 저도 멈추지 않겠습니다. 계속 도전하고, 계속 성장하며, 계속 나누겠습니다. 함께 성장하는 그날까지. 마지막으로 이 말을 꼭 하고 싶습니다.

"당신의 도전을 응원합니다."

두려워하지 마세요. 망설이지 마세요. 당신은 이미 첫걸음을 뗐습니다. 이 책을 끝까지 읽었다는 것 자체가 시작입니다. 이제 행동할 차례입니다. 당신의 성공을 믿습니다. 그리고 기다리겠습니다. 우리가 함께 웃으며 성공을 축하하는 그날을. 화이팅!

디노더노마드
이지영 드림

솔직히 말할게요 저는 돈이 좋아요

ⓒ 디노더노마드(이지영)

초판 1쇄 인쇄 2025년 10월 24일

지은이 이지영
디자인 김지혜
마케팅 정호윤, 김민지
펴낸곳 모티브
이메일 motive@billionairecorp.com

ISBN 979-11-94600-71-8 (03320)

파본은 구입하신 서점에서 교환해 드립니다.
이 책은 저작권법에 의해 보호를 받는 저작물이기에 무단 전재와 복제를 금합니다.